미래의 고급 일자리,
주택 가격을 결정한다

미래의 고급 일자리, 주택 가격을 결정한다

심형석 지음

두드림미디어

프롤로그

혼돈의 부동산 시장입니다. 2024년부터 부동산 시장의 침체가 진행될 가능성도 있지만 서울의 아파트 입주 물량을 생각한다면 오히려 오르지 않을까 하는 의견도 있습니다. 이럴 때일수록 미래의 부동산 시장을 직시할 수 있는 혜안이 필요합니다. 30년 동안, 대학의 전임 교원으로 강의도 하고, 여전히 현장을 지키고 있는 필자의 입장에서는 부동산에서 단 하나의 성공 요인을 들라고 하면 '직주근접'을 꼽겠습니다.

양질의 일자리는 인구를 유입시키고, 유입된 인구는 다시 주택을 거래하는 고용과 주택 거래의 선순환을 만들어냅니다. 이런 지역은 주택 시장의 침체기에도 조정의 폭이 크지 않으며 주택 시장 여건이 달라지면 가장먼저 반등합니다. 주택 공급도 중요하지만 더 중요한 미래 변수는 주택수요이기 때문입니다.

중요한 사실은 미래의 고급 일자리입니다. 서울의 금천구는 가산디지털단지와 구로디지털단지라는 일자리가 넘쳐나는 곳이지만, 안타깝게도 미래의 고급 일자리는 그리 많지 않습니다. 과거 테헤란밸리의 비싼 임대료를 피해 이전한 업체들이 대부분입니다. 미래의 고급 일자리, 특히 특정 산업에 특화된 지역(클러스터)이 중요합니다.

주택 시장에서 직주근접보다 더 강력한 투자 조언은 없습니다. 주택 시장에서 직장의 영향력은 절대적입니다. 특히 투자 목적과 교육환경 때문에 주택을 구입했던 베이비붐세대에 비해 MZ세대는 실수요자가 많이 분포하기 때문에 직장과의 접근성과 삶의 여유로움을 가장 중요하게 여기는 것으로 파악됩니다.

지역적으로는 지방에서 직주근접이 더 중요할 수 있습니다. 수도권과 비교해 지방은 인구가 줄고 있기 때문입니다. 축소지향의 시대에는 사회적 인구 증감의 중요성이 커지기 마련입니다.

이 책은 직주근접이라는 주제를 가지고 발간된 거의 최초의 부동산 서적이 아닐까 생각합니다. 왜 미래에는 직주근접이 중요한 것인지로 시작해, 서울의 3도심을 제외하고 직주근접으로 주목받고 있는 지역들도 언급하고자 했습니다. 내 집 마련에 가장 중요한 것은 기본을 지키는 것입니다. 부동산 투자의 기본에 관한 내용도 마지막 장에 포함해 이를 되새김하도록 했습니다.

필자는 적지 않은 나이에 다시 벤처로 돌아와 새로운 비즈니스 모델을 만들고 있습니다. 어려운 부동산 시장의 환경에서도 혁신을 이루어나가고 있는 에스테이트클라우드 임직원들께 항상 감사하다는 말을 전하고 싶습니다.

역삼동 본사에서

CONTENTS

1장.

왜 직주근접일까요?

직주근접, 미래 주택 시장의 바로미터입니다

최근 도시개발이 광역적으로 나타나면서 인구 이동에 의한 교외화가 발생하나, 대부분의 경제활동은 도심에서 이루어지니 주거와 직장이 분리되는 현상이 계속 발생하고 있습니다. '직주균형(Jobs-housing Balance)'의 관점에서 주택 시장에서 발생하는 문제를 해결하자는 논리는 많은 지지를 받고 있으나 정확한 개념은 정립되지 않은 듯합니다. 직주균형은 일정한 지리적 범위 내에서 고용의 기회(직장)와 주거 기회(주택)가 일치하는 상황을 의미합니다. 일정한 공간 내에서 직장과 주거가 근접하게 되면 과도한 통근 시간을 줄일 수 있을 뿐만 아니라 다양한 사회적 편익이 발생하게 됩니다.

직장과 주거지가 현재와 같이 일터와 쉼터로서 공간적으로 분리된 것은 그리 오래된 일은 아닙니다. 자본주의적 산업화가 시작되면서 대량생산을 위한 공간이 독립적으로 형성되었고, 비로소 주거공간은 생산기능이 아닌 재생산기능을 전담하는 영역으로 자리 잡기에 이르렀습니다. 공간적으로 분리된 직장과 주거지는 끊임없는 유인을 통해 서로를 끌어당깁니다. 주택 시장에서는 '직주근접(Jobs-housing Matching)'이 많이 사용하는 용어이지만, 최근에는 '직주일체', '직주혼합'이라는 신조어도 생기고 있습니다.

직주근접이 주택 시장에서 중요해지는 이유는 인구가 줄고 있기 때문입니다. 통계청에서 발표한 2022년 인구주택 총조사에 의하면 작년 총인구는 5,169만 명으로 전해와 비교하면 무려 5만 명이나 감소했습니다. 인구성장률은 1960년 연평균 3%에서 지속적으로 감소, 1995년 이후부터는 1% 미만대로 떨어졌으나 2020년까지는 그래도 플러스성장을 지속했습니다. 그러던 것이 2021년부터 2년 연속 마이너스를 기록 중입니다.

〈2022년 인구주택 총조사 결과〉

구분	인구	가구	주택
숫자	5,169만 명	2,238만 가구	1,916만 호
변동률	−0.1%	1.6%	1.8%

출처 : 통계청(2023년 7월)

인구 감소의 시대에는 어느 곳의 인구가 늘어나는지에 대한 관심이 커집니다. 인구는 기본적인 주택 수요를 결정하기 때문입니다. '초고령사회' 진입을 눈앞에 두고 있어 연령대별 인구도 중요합니다. 생산가능 인구, 특히 30~40대 인구가 어느 정도 분포하느냐가 주택 시장에서는 가장 중요합니다. 이 연령층의 인구가 가장 활발하게 주택을 거래하기 때문입니다.

2023년 1~7월 전국 아파트 거래에서 30대 이하의 비중은 37.4%로 조사 이래 가장 높은 수치를 기록했습니다.

30대는 실수요 성향이 큽니다. 실수요의 경우 비교적 작은 평형을 매입합니다. 서울에서 발생한 전체 거래 중에서 40제곱미터 이상 ~ 85제곱미터 이하의 비중은 무려 75.6%에 이릅니다. 물론 제도적 수혜도 있습니다. 특례보금자리론이 대표적입니다. 30대 실수요자들이 주택 시장을 주도하면서 일자리의 중요성은 더 커지고 있습니다.

국토교통부가 조사한 '2020 대도시권 광역교통 통행량 조사'에 따르면 직장인의 평균 출근 시간은 52분, 퇴근 시간은 59분이 걸렸다고 합니다. 이렇게 통근 시간이 길어지면 정서적, 신체적 행복감이 떨어지게 됩니다. 대한의학회지에 발표된 논문에 의하면 출퇴근에 1시간 이상이 소요되면 의학적으로 유의미한 수준의 정신건강 악화가 일어나는 것으로 나타났습니다. 통근 시간이 길어지면 수면 시간과 여가 시간이 줄어들고, 출퇴근에서 겪는 소음 및 타인과의 접촉 등이 행복감을 줄어들게 만듭니다.

일자리가 많은 지역은 주택 거래도 활발합니다. 2023년 상반기 주택 시장이 지역별로 차별화가 크게 나타나고 있지만, 일자리가 풍부한 지역을 중심으로 반등의 움직임이 큽니다. 양질의 고급 일자리가 주택 수요를 창출하고, 결과적으로 거래량과 매매 가격에도 좋은 영향을 준 것으로 판단됩니다.

통계청의 2021년 기준 시군구별 종사자 현황 자료에 의하면 전국에서 일자리가 가장 많은 지자체는 서울 강남구로 80만 개가 넘습니다. 다음은 삼성전자가 있는 경기도 화성시(56만 개), 판교 테크노밸리가 위치한 경기도 성남시(53만 개)순입니다. 일자리가 많은 상위 10개 지역 중 서울은 4곳(강남구, 서초구, 영등포구, 송파구)이 포함되었는데 최근 2년간 아파트 거래량은 총 41,297건으로 서울 전체 아파트 거래량의 30%가 넘습니다.

〈시군구별 종사자 수 상위 10 지역〉 (단위 : 명)

순위	지역	종사자 수	순위	지역	종사자 수
1	서울 강남구	81,419	6	경상남도 창원시	469,009
2	경기도 화성시	564,646	7	서울 영등포구	435,017
3	경기도 성남시	534,792	8	경기도 용인시	414,867
4	서울 서초구	487,976	9	서울 송파구	400,781
5	경기도 수원시	481,383	10	충청북도 청주시	394,442

출처 : 통계청(2021년)

양질의 일자리는 인구를 유입시키고 유입된 인구는 다시 주택을 거래하는 고용과 주택 거래의 선순환을 만들어냅니다. 이런 지역은 주택 시장의 침체기에도 조정의 폭이 크지 않으며, 주택 시장 여건이 달라지면 가장 먼저 반등합니다.

중요한 사실은 미래의 일자리입니다. 서울의 금천구는 가산디지털단지와 구로디지털단지라는 일자리가 넘쳐나는 곳이지만 안타깝게도 고급 일자리는 그리 많지 않습니다. 과거 테헤란밸리의 비싼 임대료를 피해 이전한 업체들이 대부분입니다. 금천구를 폄하할 생각은 없지만 미래의 고급 일자리가 중요합니다.

주택 시장에서 직주근접보다 더 강력한 투자 조언은 없습니다. 주택 시장에서 직장의 영향력은 절대적입니다. 특히 투자 목적과 교육환경 때문에 주택을 구입했던 베이비붐세대에 비해 MZ세대는 실수요자가 많이 분포하기 때문에 직장과의 접근성과 삶의 여유로움을 가장 중요하게 여기는 것으로 파악됩니다. 한 정치인이 언급해서 유명해진 '저녁이 있는 삶'은 MZ세대의 개인 생활을 중시하는 풍토가 반영되었다고 볼 수 있습니다.

특히 지역적으로는 지방에서 직주근접이 더 중요합니다. 수도권은 전체적으로 여전히 인구가 늘고 있는 지역입니다. 인구 감소를 넘어 소멸의 위험이 상존하는 지방의 경우 직주근접을 통해 일자리를 늘리는 것이 곧 생존의 문제가 되고 있습니다.

내 집 마련 조건에서 직주근접이 중요시되면서 주택 구매의 여력이 높은 전문직, 연구직, 대기업 직장인 등이 많은 업무밀집지역의 주거 가치는 계속 올라갈 수밖에 없습니다. 이런 지역은 생활 인프라도 잘 갖춰져 있어, 베이비부머와 MZ세대가 경쟁하는 양상으로까지 갈 듯합니다. 직주근접이 미래 주택 시장의 가장 큰 변수가 될 것입니다.

2030세대는 직주근접 단지를
선호합니다

전국적으로 직주근접 단지의 인기가 뚜렷하게 나타나고 있습니다. 최근 주택 시장의 주력 매수 계층이 낮아지면서 기존의 투자 개념에서 삶의 질과 관련이 높은 직장과의 접근성이 중요한 요소로 부각되고 있습니다.

한국부동산원의 연령별 청약 당첨자 정보를 보더라도 2023년(1~8월) 청약 당첨자 중 30대 이하의 비중이 52.6%에 이릅니다. 30대 이하 당첨자의 비중은 2020년 이후 계속적으로 절반을 넘기고 있으며, 그만큼 내 집 마련에 대한 의지가 강하다고 볼 수 있습니다.

청약만이 아닙니다. 아파트 매매 거래에서도 30대 이하의 비중은 31.6%를 기록해 계속 늘어나는 중입니다. 2019년 28.3%였던 30대 이하 비중은 계속 늘어나 통계를 집계한 이후 가장 높은 수치를 기록 중입니다. 바야흐로 30대 이하가 아파트 매수의 주력 계층으로 부각되고 있습니다.

국토교통부의 2021년 주거실태조사에서도 20대가 현재 주택으로 이사한 이유를 묻는 질문에서 '직주근접'이라는 응답이 53.6%로 전체 14개 항목에서 1위를 차지했습니다. 연령이 낮을수록 현재 주택으로 이사한 이유가 직주근접인 비중이 높게 나타났습니다. 50세를 넘어가면 20%대로 뚝 떨어지니 직주근접이라는 주거 선택 요인은 2030세대에게 있어 가장 중요하다고 볼 수 있습니다.

〈이사의 이유가 직주근접이라고 답한 가구의 연령별 비중〉

구분	20세 미만	20대	30대	40대	50대	60대	70대	80세 이상
비중	83.5%	53.6%	40.8%	33.6%	29.5%	22.9%	14.6%	9.6%

출처 : 국토교통부, '주거실태조사'

이러한 결과는 청약 시장에서도 반영되고 있습니다. 부동산R114가 발표한 자료에 의하면 2023년 청약자 수 상위 10위는 모두 주요 업무지구나 산업단지 등에 위치해 있어 30분 내 출퇴근이 가능한 직주근접의 입지를 갖추었습니다. 해당 10개 단지에는 전체 1순위 청약자의 49.5%가 몰린 것으로 나타났습니다. 2030세대는 확실히 직주근접을 선호합니다.

사실 직주근접에 대한 선호는 단순히 직장만 있다는 의미는 아닙니다. 직장 주변에 사람들이 몰리니 그곳의 상권이 발달하고, 편의시설이 늘어나면서 젊은 층이 좋아하는 환경으로 바뀌었다는 것을 의미합니다. 향후 부동산 시장에서 단 하나의 변수를 꼽으라면 당연히 직주근접입니다.

직주근접은
상가도 춤추게 합니다

네이버, 카카오 등 대형 IT 기업들이 자리 잡은 판교와 분당이 뜨겁습니다. 2021년 3분기 기준으로 판교와 성남시의 핵심업무지구를 지칭하는 BBD(Bundang Business District)의 공실률은 제로(0%)입니다. 가게 두 곳 중 한 곳은 비어 있는 명동의 상권과 비교하면 불과 10년 만에 판교는 강남의 위상을 흔들 정도의 우수 상권으로 거듭나고 있습니다. 대형 IT 기업 간 집적에 따른 이익을 누릴 수 있는 판교를 선호하는 기업들은 넘쳐납니다. 지난 3년간 판교를 1순위 임차 후보지로 희망했던 기업의 실제 계약 권역은 분당이 오히려 더 많았습니다. 판교 지역에서 사무실을 구하기가 어려워지자 임차 수요가 분당으로 향했다고 합니다. 판교에 오피스를 구할 수 없다면 가까운 분당 지역에라도 사무실을 구한 회사가 많았다는 의미입니다.

2009년부터 본격적인 개발에 들어간 마곡도 마찬가지입니다. R&D

업무지구라는 명확한 지역정체성을 가진 마곡의 업무지구 조성은 마무리 단계에 들어섰습니다. 르웨스트와 원웨스트라는 초대형개발사업이 완공되면 오피스 재고량은 판교와 유사하게 성장할 것입니다. 나이스지니데이타(Nicezinidata)에 따르면 마곡은 팬데믹 이후 서울에서 음식업 매출이 오른 지역 4위에 꼽혔습니다. 17만 명의 고급인력이 근무하게 될 마곡의 성장세는 무섭습니다.

〈팬데믹 이후 음식점 매출 증가 상위 지역〉

구분	1위	2위	3위	4위	5위
행정동	고덕 2동	월계 3동	신월 6동	발산 1동	성수1가 2동
매출 증가율	161.1%	92.7%	87.9%	46.5%	33.5%

출처 : 나이스지니데이타(2019년 대비 2021년 3분기 누적 기준)

상업용 부동산의 선전과 함께 아파트의 가격 또한 많이 올랐습니다. 판교는 2009년에 입주한 백현마을2단지 32평형대가 2021년 8월 21억 원을 기록했습니다. 5단지, 6단지 또한 20억 원에 가까운 19억 8,000만 원, 19억 4,500만 원으로 20억 원에 안착했습니다. 마곡도 마찬가지입니다. 마곡엠밸리7단지 30평형대는 2021년 9월 17억 5,500만 원에 거래되었습니다. 마곡이 있는 강서구의 최고가 순위 아파트는 대부분 마곡지구 내에 있습니다. 물론 금리가 급격히 오르면서 2022년부터 판교와 마곡의 아파트들도 조정을 받았지만 그 폭은 크지 않습니다.

이렇게 직주근접의 도시인 판교와 마곡의 가장 큰 특징은 클러스터(Cluster)입니다. 관련 업종이 집적되어 있다는 말입니다. 판교는 IT, 마곡은

R&D입니다. 서울생활권계획을 살펴보면 7광역이라는 개념이 나옵니다. 이 지역들은 대부분 일자리가 많거나 앞으로 많을 곳입니다. 서울에서 일자리가 많기로 대표적인 지역인 가산동 또한 7광역에 포함됩니다. 하지만 일자리가 많은 지하철역 1위로 뽑히기도 한 가산디지털단지역을 직주근접이라고 언급하기는 애매합니다. 왜냐하면 특정 산업이 모여 있지 않기 때문입니다. 일자리는 많지만 특정 산업의 고급 일자리는 부족하다고 할 수 있습니다.

고급인력이 상주하는 대기업이 많다는 점도 큰 특징입니다. 대표적인 대기업들이 핵심 임차인(Key Tenant)의 역할을 하면서 주변의 수요를 끌어당기게 됩니다. 판교의 네이버·카카오, 마곡의 LG가 그렇습니다. 대기업이 많다면 오피스 공급이 더 이상 이루어지지 않는다는 것을 의미하기도 합니다. 대부분이 사옥을 짓고 입주하기 때문입니다. 공급은 부족한데 수요는 많으니 주변 지역으로의 확장이 이루어집니다.

전매제한 또한 공급을 막는 큰 이유입니다. 판교는 10년, 마곡은 5년 동안 사옥을 팔 수 없습니다. 판교테크노밸리 빌딩에 대한 '10년 전매제한'은 이제 줄줄이 풀리기 시작하는 중입니다. 2006년 용지 분양을 시작해 2011년경 완공된 주요 빌딩들이 올해부터 매매가 가능해지면서 눈독을 들이는 기업들도 늘어나고 있습니다. 조성 초기 평당 1,000만 원에 불과했던 부지 가격은 이제는 1억 원을 돌파했음에도 불구하고 입도선매하려는 움직임이 본격화되고 있습니다.

수요가 넘치니 이를 충족하기 위한 대형개발사업은 계속 진행될 예정입니다. 판교는 아예 제2판교, 제3판교를 만들 것입니다. 마곡은 원웨스트, 르웨스트, 그리고 가양코엑스 등 3조 원 이상의 대형개발사업들이 줄줄이 대기 중입니다. 이런 대형개발사업은 그 지역에 계속적인 호재로 작용하면서 아파트뿐만 아니라 비(非)아파트 상품까지 완판 행진을 이끄는 중입니다. 마곡 르웨스트의 생활형 숙박시설은 평균 경쟁률 657대 1을 기록하면서 분양 직후 억대의 웃돈이 붙어 거래되기도 했습니다.

〈롯데캐슬 르웨스트 투시도〉

출처 : 롯데캐슬 르웨스트 홈페이지

입주 초기 미분양이 많았던 판교와 마곡이 이렇게 바뀐 데는 '미래의 고급 일자리'의 힘이 컸습니다. 직주근접은 주거뿐만 아니라 상업용 부동산도 춤추게 만들 수 있습니다. 2022년 말 현재 2030세대가 가장 많이 거주하는 곳 또한 직주근접의 배후 주거지인 관악구, 광진구, 영등포구 등입니다. 투자 목적과 교육환경 때문에 주택을 구입했던 베이비붐세대와 다르게 MZ세대들은 직장과의 접근성을 가장 중요하게 생각합니다. 직주근접이 중요시되면서 주택 구매 여력이 높은 전문직, 연구직, 대기업 직장인 등이 많은 업무밀집지역의 주거 가치는 올라갈 수밖에 없습니다. 부동산 시장에서 직주근접보다 더 강력한 투자 격언은 없는 듯합니다.

저출산이 도심 집중을
강화합니다

    통계청이 발표한 '2020~2070년 장래인구추계'는 우리나라 인구 감소의 속도가 기존의 전망보다 훨씬 심각하다는 걸 보여줍니다. 총인구가 감소한 점도 문제이지만 생산연령인구가 먹여 살려야 하는 피부양인구가 늘어나는 등 심각한 내용이 한두 가지가 아닙니다. 더 큰 문제는 외국인까지 합친 총인구 감소 시기인 '데드크로스(Dead Cross)'가 8년이나 앞당겨졌다는 점입니다. 코로나19로 혼인·출산이 급감하고 외국인의 유입이 줄어들면서 벌어진 현상입니다.

    정부의 현실 인식은 더 심각합니다. 경제부총리는 자신의 사회관계망서비스(SNS)를 통해 내년부터 저출산 대응 신규사업을 본격적으로 시행할 계획이고, 실효성 있는 추가 과제들도 지속 발굴하는 데 역량을 집중해나가겠다고 밝혔습니다. 인구문제는 바로 정책을 집행한다고 해도 당장은 큰 의미가 없습니다. 실효성 있는 정책을 지금 도입한다고 해도 실질적인 효과는 30년이 지나야 발휘되기 때문입니다. 인구와 경제는 떼려야 뗄 수 없는 관계인데 경제적으로 유의미한 연령대까지 성장하기 위해서는 30년이 필요합니다. 그럼에도 불구하고 현재 발등에 불이 떨어졌는데도 내년에 시행하거나 발굴할 과제를 생각한다는 것은 위기를 위기로 바라보지 않는다는 방증입니다.

인구는 부동산 시장에서 가장 중요한 수요의 변수입니다. 인구는 '수요의 양'을 의미합니다. 인구보다는 '세대'가 부동산 시장에서는 더 현실적인 수요의 양적 요소이지만 세대 또한 인구에서 파생된 단위이기 때문에 기본적으로는 인구가 중요합니다. 수요의 질인 '소득'도 중요하고 수요의 구조인 '연령대'도 의미 있지만, 이들은 인구가 받쳐줘야 하는 부차적인 변수입니다. 아무리 높은 소득을 자랑하는 지역이라고 하더라도 인구가 10만 명에 불과한 도시는 부동산 투자 측면에서는 중요성이 현저히 떨어집니다. 물론 주택 구매연령대인 40~60대는 인구 감소와 가구수 감소에서 총인구 감소보다는 유리하기에 주택 가격 하락의 영향은 적을 것이라는 반론도 존재합니다. 하지만 MZ세대로 명명되는 2030대가 서울 아파트 시장의 주력 매입 계층으로 부각되면서 인구 감소의 영향은 부동산 시장에 큰 충격으로 다가올 것입니다.

인구 감소가 가져올 부동산 시장의 충격은 수도권과 지방이 다르게 나타날 가능성이 큽니다. 수도권은 출산율 감소 대비 인구 감소 폭은 제한적입니다. 인구의 유입이 크기 때문입니다. 특히 서울은 더 이상 신규 택지를 통한 주택 공급도 어렵기 때문에 향후 주택이 대폭 늘어날 가능성도 크지 않습니다. 인구는 늘고 주택 공급이 원활하지 못한 수도권의 부동산 시장은 안정적일 것입니다.

문제는 지방입니다. 인구 고령화와 젊은 층 인구의 수도권 이탈로 전국 읍면동의 30%는 인구가 사라질 가능성도 있다고 합니다. 건국대학교 유선종 교수의 분석에 따르면 인구 노후도, 가구 노후도, 주택 노후도 등 3가지 지표로 지역 '인구 제로(0)' 가능성과 위험도를 분석한 결과 전국 3,492개 읍면동 중 1,047개가 인구 제로 위험에 처했다고 합니다. 인구가 줄어드는 것이 아니라 없어지는 읍면동이 이렇다는 이야기입니다. 정부에서 규정하는 3대 인구 리스크(인구 자연감소, 초고령사회 임박, 지역소멸) 중 지역소멸을 의미합니다.

지방의 경우 인구는 줄어들고 주택 공급은 많아지니 향후 부동산 시장은 큰 충격을 맞을 것입니다. 올해 10대 건설사의 지방 분양 비중은 현 정부 들어 최대를 기록했습니다. 현 정부 초기 65.1% : 34.9%였던 수도권 대 지방 분양 비중은 46.8% : 53.2%로 역전되었습니다. 지방만이 아닙니다. 수도권 외곽도 마찬가지일 것입니다. 도심에서 멀어질수록 공급과잉과 함께 인구 감소의 충격은 커질 듯합니다. 10년 후 부동산 시장의 가장 큰 이슈는 생활인프라가 잘 구축된 '도심이냐 아니냐'가 될 가능성이 큽니다. 이런 상황임에도 불구하고 정부의 '똘똘한 한 채'를 유도하는 각종 규제 정책은 지방소멸을 더욱 앞당기는 방향으로 작용할 것입니다. 다행스럽게도 2023년 들어 10대 건설사의 분양 물량이 70% 이상 연기되고 있다고 합니다.

〈10대 건설사의 수도권·비수도권 공급물량 비중 추이〉

구분	2017년	2018년	2019년	2020년	2021년
수도권	65.1%	62.2%	48.7%	57.4%	46.8%
비수도권	34.9%	37.8%	51.3%	42.6%	53.2%

출처 : 한국부동산원 청약홈

〈영국 옥스퍼드대학의 인구문제연구소 홈페이지 화면〉

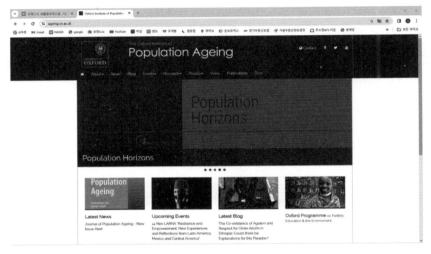

출처 : Oxford Institute of Population Ageing 홈페이지

영국 옥스퍼드대학의 인구문제연구소(Oxford Institute of Population Ageing)는 앞으로 지구상에서 가장 먼저 사라질 나라로 한국을 꼽았습니다. 하지만 앞서 언급했던 부총리의 다른 글에서는 이런 심각성을 찾아보기 어렵습니다. 코로나로부터 빠른 회복 등을 전제한 추계를 SNS에 올렸는데 2038년까지 약 5,300만 명까지 총인구가 증가할 수도 있다는 전망입니다. 통계청이 발표한 전망 중 가장 낙관적인 시나리오를 언급한 것입니다. 안타

깝게도 지금까지 가장 비관적인 시나리오마저 갱신하고 있는 인구추계 통계에 낙관적인 전망은 아무런 의미가 없습니다. 어떻게든 이번만은 벗어나보려는 얄팍한 포퓰리즘이 다시 발동한 것은 아닌지 걱정됩니다.

MZ세대는
어디에 살까요?

2023년 주택 가격 반등을 주도했던 2030세대의 매수세가 고금리와 대출규제 강화로 인해 줄어들고 있습니다. 한국부동산원에 의하면 2023년 9월 기준 30대 이하의 서울 아파트 매입 비중은 37.5%로 나타나 전월 (38.5%)보다 줄어들었습니다. 경기도의 감소 폭은 더 큽니다. 2023년 7월 30대 이하의 경기도 아파트 매입 비중은 35.7%였지만 9월에는 33.8%로 줄어들었습니다.

MZ세대(2030세대)의 서울 아파트 매수 비중은 줄어들었지만, 여전히 MZ세대가 아파트 시장에 미치는 영향은 큽니다. 특히 이들의 아파트 매수에는 베이비부머의 후원까지 뒷받침되기에 더 중요합니다. 최근 들어 가장 주택 시장이 호황이었던 2021년 상반기에 '노도강(노원구, 도봉구, 강북구)'으로 명명되는 외곽지역이 많이 올랐고, 하반기에는 강남 4구 등 핵심 지역이 번갈아 가면서 올랐던 이유도 부모와 자녀 모두 주택 시장에 참여하고 있기 때문입니다.

MZ세대가 주택 시장의 핵심 수요층으로 급부상하면서 이들이 찾는 지역이 주목받고 있습니다. 서울에서 이들의 거주 비율이 높은 곳은 어디이며, 이들 지역은 어떤 공통점을 가질까요?

2023년 10월 기준 통계청의 주민등록인구현황 자료를 분석하면 관악구(40.73%)가 거주민 중 MZ세대(2030세대)의 비중이 가장 큰 지역으로 나타났습니다. 다음으로 영등포구(34.1%), 광진구(33.97%), 마포구(33.74%)순으로 지역 내 MZ세대들이 많은 것으로 집계되었습니다. 이들 관악구, 마포구, 영등포구, 광진구 등은 업무지구와 가깝다는 공통점이 있습니다. 즉, 업무지구의 배후 주거지역이라는 말입니다. 관악구는 강남이라는 업무지구와 접근성이 좋고, 상대적으로 주택 가격도 저렴해 사람들이 많이 찾는 곳입니다. 마포구는 광화문, 종로 등 중심업무지구(Central Business District)와 가깝습니다. 영등포 또한 중심업무지구 중 하나인 여의도가 포함되어 있는 곳입니다. 광진구 또한 다리 하나만 건너면 강남으로의 출퇴근이 쉽기는 마찬가지입니다.

〈2023년 10월 기준 서울 내 MZ세대 비중 상위 구〉

구분	관악구	영등포구	광진구	마포구	동작구
숫자(명)	197,108	127,956	114,253	122,804	123,966
비중(%)	40.73	34.10	33.97	33.74	32.65

출처 : 한국부동산원 청약홈

MZ세대에게 직주근접의 중요성 커져

MZ세대들의 주거 이동에 관한 실태조사를 보면 '직주근접을 위해 혹은 직장 변동(취직, 전근)때문'이라는 응답이 가장 많고, 두 번째로 많은 응답 또한 '교통이 편리하고 입지가 좋은 지역으로 가기 위해서'라고 합니다. 따라서 절반 이상의 MZ세대들이 집을 옮기려는 가장 큰 요인은 직장이라고 해석할 수 있습니다. 투자 목적과 교육환경 때문에 주택을 구입했던 베이비붐세대에 비해 MZ세대는 실수요자가 많이 분포하기 때문에 직장과의 접근성을 가장 중요하게 여기는 것으로 파악됩니다. 이는 과거 베이붐세대와는 다르게 직장에서는 초과근무를 시키기가 쉽지 않고, 맞벌이부부가 많은 점 등을 고려하면 직주근접이라는 부동산 시장의 대명제는 더욱 크게 다가옵니다.

부동산 시장에서 '직주근접'보다 더 강력한 투자 격언은 없습니다. 주택시장에서 직장의 영향력은 상당합니다. 내 집 마련 조건에서 직주근접이 중요시되면서 주택 구매 여력이 높은 전문직, 연구직, 대기업 직장인 등이 많은 업무밀집지역의 주거 가치는 계속 올라갈 수밖에 없습니다. 직장에서 퇴근 후 여유로운 시간을 보내려는 라이프스타일의 변화가 직장과 주거지가 가까운 직주근접을 더욱 가속화시킬 것입니다.

OECD의 자료에 의하면 우리나라의 평균 편도 통근 시간은 62분으로 회원국 전체 평균인 28분에 비해 두 배가 넘는 시간을 출퇴근에 허비하고 있는 것으로 나타났습니다. 노르웨이(14분), 스웨덴(18분) 등 북유럽 복지국가들과 비교하면 그 차이가 무려 3~4배에 달합니다. 또 다른 통계에 의하면 우리 노동자들의 수면 시간은 OECD 회원국 평균보다 2시간이나 적다고 합니다. 직장으로의 출퇴근이 원활하지 못한 이유가 크다고 보여집니다.

직주근접이 주거문화의 대세로 떠오르면서 통근 시간과 근무 시간이 여타 선진국에 비해 긴 우리나라의 경우 업무밀집지역과의 접근성을 고려한 투자는 필수적입니다.

도심의 매력이 커질 것

이런 측면을 고려한다면 강북 도심에 투자하는 것은 여전히 매력적입니다. 서울 도심의 대표적인 지역인 종로구와 용산구의 아파트 매매 가격은 강남구와 비교하면 상대적으로 저렴합니다. 강북 도심이 가진 상징성과 인프라 등을 고려한다면 현재의 가격 차이는 과한 듯도 합니다. 강남 재건축이 지지부진한 반면, 강북 도심에서 정비사업과 도시재생이 빠르게 진행된다면 이 격차 또한 좁혀질 것으로 예상됩니다.

이 같은 직주근접 지역들은 수요가 꾸준해 정부의 규제와는 무관하게 청약경쟁률도 높고 입주 후에는 주변 지역보다 아파트 시세가 높게 형성될 가능성이 큽니다. 나아가 부동산 시장이 조정국면에 접어들더라도 집값이 크게 하락하지 않고 안정적으로 유지되는 특성을 보입니다. 통근 시간을 큰 기회비용으로 여기는 MZ세대들이 전면에 등장하면서 생활 인프라가 잘 구축되어 직주근접이 가능한 도심의 투자 가치는 갈수록 높아질 것으로 보입니다.

미국에서 주택 가격이 가장 높은 지역은 애서튼(Atherton)입니다. 실리콘 밸리의 고급 배후 주거지인 애서튼이 맨해튼을 넘어선 사례를 참고해야 합니다.

기업에는 물어봤나요?
반도체 특화단지 유감

클러스터(Industrial Cluster)란 산업 집적지라고 해석됩니다. 유사 업종에서 다른 기능을 수행하는 기업, 기관들이 한곳에 모여 있는 것을 말합니다. 클러스터에는 직접 생산을 담당하는 기업뿐만 아니라 연구개발 기능을 담당하는 대학, 연구소와 각종 지원 기능을 가진 벤처캐피털, 컨설팅 회사 등의 조직이 한곳에 모여 있어서 정보와 지식 공유를 통한 시너지 효과를 노릴 수 있습니다. 대표적인 클러스터 모델로는 미국의 IT 사업을 주도하는 실리콘밸리가 있고, 국내에도 이를 벤치마킹한 테헤란밸리가 있습니다.

2023년 7월 20일 정부가 핵심전략 산업인 반도체, 이차전지, 디스플레이 초격차 확보를 위해 세계 최대 시스템반도체 클러스터 조성이 예정된 경기도 용인 등 7곳에 국가첨단전략산업 특화 단지를 지정했습니다. 정부는 기반시설 우선 구축, 예비타당성조사(예타) 면제, 인허가 타임아웃

제 도입 등 전방위 지원으로 600조 원대로 예상되는 민간 투자를 적기에
끌어내 3대 전략산업의 초격차 혁신 생태계를 조성한다는 방침입니다.

〈국가첨단전략산업 및 신규 소부장 특화단지 지정[안]〉

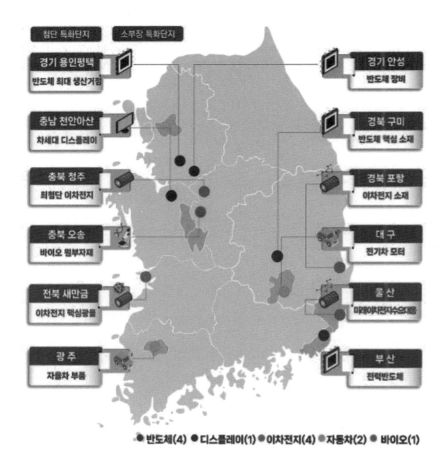

출처 : 산업통상자원부

AI가 세상을 지배할지도 모르는 판국에 이런 산업단지가 무슨 의미가 있을까라고 생각할 수도 있지만 우리나라만이 아니라 대부분의 선진국에서도 클러스터 조성에 박차를 가하고 있습니다. 얼마 전에 인천 송도가 최종 후보지로 선정된 K바이오랩허브의 사례도 미국 보스턴의 바이오 스타트업 지원기관인 '랩 센트럴(Lab Central)'을 벤치마킹한 경우입니다.

이런 산업단지가 주택 시장에 미치는 영향은 과거에 비해 더 커졌습니다. 미국에서 주택 가격이 가장 높은 곳은 맨해튼(Manhattan)이 아니고 애서튼(Atherton)입니다. '프로퍼티 샤크(Property Shark)'라는 미국의 부동산 정보업체가 2022년 조사한 자료인데, 6년 연속 1위는 애서튼입니다. 애서튼에서 거래된 주택 실거래가의 평균은 790만 달러에 달했습니다. 애서튼은 실리콘밸리의 교외 부촌으로 IT 업종 집적에 따른 가장 큰 수혜를 받는 지역입니다. 애서튼의 사례가 시사하는 바는 바로 미래의 고급 일자리와 주택 가격의 연관성입니다.

미래의 일자리인 게임, IT, 바이오가 세계 경제를 선도할 뿐 아니라 집값 또한 좌지우지하는 중입니다. 이는 우리에게도 시사하는 바가 큽니다. 미래의 주택 가격은 고급 일자리에 의해 좌우될 것이며 직주근접이 미래 주택 가격의 가장 큰 변수가 될 것이라는 사실입니다. 따라서 정부에서 발표한 첨단전략산업의 특화단지(Cluster)는 향후 주택 가격을 예측하는 데 아주 중요한 의미가 있습니다.

안타까운 점은 이런 대규모 개발사업의 사업대상지를 선정하는 방식과 절차입니다. 이번 특화단지의 경우 총 21개 지역이 신청했으며 선도기업 유무, 신규 투자 계획, 산업생태계 발전 가능성, 지역 균형발전 등이 중점 평가 요소입니다. 하지만 그 어디에도 특화단지에 입점할 기업의 의견을 들어서 평가한다는 내용은 없습니다. 대규모 개발사업의 핵심인 '키 테넌트(Key Tenant)'의 의견을 물어보지도 않고, 이런 국가 차원의 대형 개발사업을 선정했다는 것이 어떤 의미가 있는지 모르겠습니다.

국가 차원의 사업에서는 매번 같은 형태의 방식과 절차가 진행됩니다. 신공항 사례도 마찬가지였습니다. 어느 지역에 신공항을 선정할까를 고민할 때 가장 먼저, 그리고 중요하게 평가해야 할 변수는 항공사들의 의견입니다. 여기에 공항을 건설하면 당신 항공사는 취항을 하겠느냐 하는 것 외의 변수는 모두 부차적일 따름입니다. 취항하는 항공사가 없어 대부분의 지방 공항이 고추나 말리고 있는 현실은 잘못된 타당성조사의 크나큰 폐해일 따름입니다.

같은 사업을 민간에서 한다면 시장성(Marketability) 분석을 철저히 합니다. 시장성이란 개발된 부동산이 현재나 미래의 시장 상황에서 매매나 임대될 수 있는 가능성의 정도를 조사하는 과정입니다. 당연히 고객에게 물어보는 것이 가장 좋습니다. 기업이 시장의 크기를 측정하고 시장의 특성을 판단하는 단순한 시장 조사(Market Analysis)는 기업 위주의 분석일 따름입니다. 아직도 시장 분석과 시장성 분석을 구분하지 못하니 답답합니다. 이런 대규모 국책사업이 특화단지의 고객인 기업의 입장을 얼마만큼 배려했는지 의문입니다. 정부가 만들면 기업은 무조건 들어올 것이라는 사고는 개발 전성시대의 착각일 뿐입니다. 클러스터를 조성하기 전에 관련 기업이 무엇을 생각하는지, 어떤 조건을 원하는지 다시 한번 확인해봤으면 합니다.

하이퍼로컬이
뜹니다!

"혹시…, 당근이세요?"

퇴근길 전철역 출입구에서 자주 들을 수 있는 대화입니다. 낯선 사람과 중고거래를 하는 모습인데 이제는 생소하지 않습니다. '당근'은 당근마켓이라는 지역을 기반으로 서비스하는 플랫폼을 이야기합니다. 거래 후기를 공유하며 공감하는 것이 하나의 트렌드가 되고 있습니다.

'슬세권'이라고 알려진 하이퍼로컬(Hyper Local)은 '아주 좁은 범위의 특정 지역에 맞춘'이라는 의미입니다. 슬리퍼와 같은 편한 차림으로 각종 편의시설을 이용할 수 있는 주거권역을 뜻하는 '슬세권'과 비슷한 용어입니다. 코로나19 사태가 장기화되면서 사람들의 생활반경이 좁아지고 좁은 범위의 지역 기반인 하이퍼로컬 서비스가 급성장하게 되었습니다.

한국의 하이퍼로컬 플랫폼의 선두주자는 당근마켓입니다. 지역 기반의 중고 거래 플랫폼으로 출발했지만 지금은 지역 기반의 커뮤니티로 성장했습니다. 2022년 12월 기준 당근마켓 누적 가입자 수는 약 3,200만 명에 이릅니다. 우리나라 인구의 62%가 사용한다는 말입니다. 미국에도 넥스트도어(Nextdoor)라는 유사한 서비스가 있습니다.

〈당근마켓 vs 넥스트도어 비교〉

구분(2022년 말 기준)	당근마켓	넥스트도어
매출	499억 원	2.13억 달러(약 2,800억 원)
영업이익	-565억 원	-1.44억 달러(약 1,900억 원)
직원 수	380명	704명

출처 : 위키백과

하이퍼로컬의 급성장은 데이터로도 확인됩니다. 대표적인 로컬가게인 편의점의 매출 성장세는 2021년 6.9%에서 2023년 상반기 9.5%로 늘었습니다. 2021년 편의점 3사의 매출비중은 대형마트를 넘었습니다. 2022년에는 그 격차를 더 벌리는 중입니다. 2023년 상반기의 매출 증감률을 비교해봐도 대형마트와 백화점이 각각 1.0%, 2.5%의 성장에 머물고 있지만, 편의점만 전년 대비 9.5% 성장했습니다. 글로벌 시장 조사업체인 리서치앤드마켓은 2019년 9,730억 달러 규모인 하이퍼로컬 서비스 시장이 2027년까지 약 20% 성장해 약 3조 6,343억 달러 규모에 이를 것으로 전망했습니다. 하이퍼로컬 서비스는 우리나라에서만 확인할 수 있는 현상이 아닙니다.

〈2023년 상반기 주요 유통업체 매출 증감률〉

구분	편의점	온라인	백화점	SSM	대형마트
증감률	9.5%	7.2%	2.5%	2.2%	1.0%

출처 : 산업통상자원부

사실 역세권에서 파생된 슬세권은 부동산 부문에서 많이 사용하는 용어입니다. 주변에 쇼핑과 교육, 의료, 여가 등 대규모 편의시설이 잘 갖춰진 아파트가 주목받고 있습니다. 심지어 아파트 커뮤니티 시설도 진화해 외부로 나가지 않더라도 단지 내에서 모든 활동을 즐길 수 있습니다. 조식 서비스를 포함해 헬스, 골프, 도서관 등은 기본이고 뮤지컬홀, 아이스링크, 인피니티 수영장까지 갖춘 단지들도 입주하는 중입니다.

하이퍼로컬이 의미 있게 진화하기 위해서는 일자리가 가장 중요합니다. 직주근접은 하이퍼로컬을 더 의미 있게 만듭니다. 일자리가 없는 지역의 경우 단지 외부로 계속 나갈 수밖에 없습니다. 출퇴근이 대표적입니다. 한국은 OECD국가 중에서 출퇴근 시간이 가장 긴 나라 중 하나입니다. 저녁이 없는 삶은 슬세권 자체가 의미 없습니다.

하이퍼로컬을 강화하는 것은 고령화입니다. 신종 바이러스가 아니더라도 고령화된 인구들은 멀리 가지 못합니다. 운전도 힘들어지면 더욱 아파트 단지 주변으로 활동이 제한됩니다. 우리와 같이 실버 주거시설이 부족한 나라는 더할 것입니다. 심지어 일본은 '쇼핑난민(買い物難民)'이라는 용어도 생겼습니다. 식료품이나 일용품 상점 이용이 어려운 주민들, 특히 고령자들을 가리키는 말인데, 일본의 쇼핑난민은 전국적으로 600만 명으로 추산됩니다. 지방이나 교외 지역의 인구 감소로 쇼핑시설들이 없어지면서

불편을 겪는 실정입니다. 불편을 겪어보면 주변에 좋은 편의시설이 많다는 것이 축복이라는 사실을 알게 됩니다.

도심이 아니면 대형 복합개발사업은 성공할 가능성이 크지 않을 것입니다. 살아남을 수도 있지만, 과거와 같이 차별화되지 않는 대규모 공간은 쇠퇴할 수도 있습니다. 우후죽순 기획되는 대규모 개발사업은 낭비와 잉여로 퇴보할 것입니다. 반면, 좋은 지역상권의 유휴부지는 규모가 적더라도 전망이 있습니다. 도심의 초역세권이 아니기 때문에 오히려 업종구성(MD)이 자유로울 수 있습니다. 지역과 공존하며 지역에 특화된 공간 구성이 가능할 것입니다. 프롭테크(Proptech, 부동산에 첨단 기술을 접목한 부동산 서비스 기업을 일컫는 말) 기업들은 이 공간을 새로움으로 포장할 것입니다.

MZ세대들 또한 하이퍼로컬에 열광합니다. 이는 하이퍼로컬이 일시적인 유행(FAD)이 아닌 트렌드로 자리 잡을 가능성이 크다는 의미입니다. 로컬은 레트로와 결합해서 힙한 문화가 됩니다. 골목길 경제학자로 알려진 모종린 교수는 젊은 세대가 로컬을 좋아하는 이유는 '나다움', '동네다움'을 추구하고, 동네 브랜드에 대한 자부심이 강하기 때문이라고 설명합니다.

하이퍼로컬 시대에는 과거의 유동인구란 개념은 크게 중요하지 않을 수 있습니다. 큰 상권이 작은 상권을 흡수한다는 '빨대효과' 또한 흐릿해질 가능성이 큽니다. 하이퍼로컬 상권은 대부분 코로나19 이전으로 돌아갔지만, 여전히 회복이 필요한 명동 상권은 중국 관광객을 쳐다보는 중입니다. 지역 밀착, 더 세분화된 지역성을 강조하는 동네 기반의 거래활성화가 재조명될 것입니다. 지역소멸의 시대 어떤 하이퍼로컬을 만들어야 할지 고민해야겠습니다.

팬데믹 재택근무,
직주근접이 바뀔까요?

잡코리아가 재택근무 경험이 있는 기업을 대상으로 조사한 결과에 의하면 코로나 팬데믹(Pandemic, 세계적인 유행병)에서 엔데믹(Endemic, 풍토병화된 유행병)으로 전환된 가운데 46.8% 기업은 '전사 사무실 출근으로 전환한다'고 응답한 반면 '현재처럼 재택근무를 계속해서 유지하겠다'고 답한 기업은 34.9%로 나타났습니다. '아직 정해진 바가 없다'고 응답한 기업(18.2%)까지 고려한다면 재택근무는 대세는 아니더라도 일반화될 것으로 보입니다.

역사적으로 주택과 기업은 밀접하게 연관되어 있었습니다. 주택 시장은 기업과 가까이 존재했고, 그로 인해 기업과 거리가 가까울수록 주택 가격과 임대료는 높았습니다. 하지만 코로나 팬데믹으로 실업인구가 증가하고 정규직도 재택근무로 전환되면서 주택과 기업은 일견 분리되는 듯이 보이기도 합니다. 이민인구의 증가와 대도시로의 인구집중에 따라 주택과 기업과의 관계가 혁명적으로 바뀐 이후 코로나 팬데믹으로 인해 다시 한번 이들의 관계가 근본적으로 바뀔 것인지에 대한 궁금증이 커져 갑니다.

우리나라는 팬데믹 기간 동안 부동산 시장의 변화는 크지 않았습니다. 오히려 지역을 가리지 않고 아파트 가격이 폭등했습니다. 미국의 경우에는 밀도가 높은 도시는 지난 2년간 가장 불안정한 주택 시장을 겪었고, 일부는 팬데믹 대유행에서 경제적으로 추락하기도 했습니다. 하지만 팬데믹 초기 예측했던 '도시의 죽음(Death of Cities)'은 과장된 것으로 판명되었습니다. 엔데믹으로 전환되면서 아파트 공실률은 떨어지고 임대료는 오히려 급등하는 중입니다. 주택 가격뿐만 아니라 전국의 렌트비도 수개월 동안 계속 두 자릿수 상승률을 기록하면서 세입자들의 어려움은 커지고 있습니다.

미국의 경우 팬데믹 기간 동안 재택근무가 상대적으로 더 일반화되었지만 세대별로는 차이를 보입니다. 특이하게도 Z세대가 재택근무에 더 만족하지 않습니다. 이들은 근무지 밖에서 제공하는 도시의 편의시설을 그리워합니다. 재택근무가 제공하는 주거의 유연성은 좋지만 교외로 이사하거나 대도시를 포기하는 것은 선택지에 없습니다.

모든 사람들이 팬데믹 이후 재택근무를 선호하는 것은 아닙니다. 아파트 정보 전문 웹사이트인 '아파트먼트리스트(Apartmentlist)'의 조사에 의하면 베이비붐세대(1946~1964년)의 재택근무자 62%가 재택근무를 매우 바람직(Extremely Desirable)하다고 생각하지만, 연령대가 낮아질수록 이 응답 비중은 떨어지고, Z세대(1997년 이후)는 유일하게 이 응답 비중이 50% 이하인 36%에 그쳤습니다.

〈세대별 재택근무 선호도〉

구분	베이비부머	X세대	밀레니얼세대	Z세대
비중	62%	54%	51%	36%
출생 연령대	1946~1964년	1965~1980년	1981~1996년	1997년 이후

출처 : 아파트먼트리스트의 조사(Apartmentlist Survey, 2021년 12월)

실제로 하버드경영대학(Harvard Business School)의 아서 브룩(Arthur Brooks) 교수는 사람들이 직접 만날 때 얼마나 더 생산적인지를 강조합니다. 연구에 의하면 원격회의에서는 실제 회의에 비해 주의를 기울이지 않을 가능성이 95%라고 합니다. 또한 사무실에서 일하는 것과 달리 집에서 일하는 경우 자신이 외로운 사람이라고 말할 확률이 60~70% 높아진다고 합니다.

원격근무에 대한 Z세대의 회의론은 경력 초기 단계이기 때문에 두드러진다고 판단됩니다. 대학 생활마저 원격교육으로 위축된 이 시기의 근로자는 재택으로 경력을 시작하는 것이 직업의 사회적 측면에서 네트워크를 형성하는 데 문제가 있다고 우려하는 것으로 보입니다.

결론적으로 현재까지 재택근무가 주택 시장을 변화시킨다는 데는 큰 의견 일치가 없습니다. 특히 세대별로 이를 살펴보면 젊은 세대일수록 오히려 재택근무가 부담되는 측면도 있습니다. 미국의 경우 재택근무자의 이동(계획)이 늘어났는데 이는 저렴한 주거비 시장으로의 이동이기 때문에 큰 의미가 없다는 의견입니다. 왜냐하면 100% 재택근무자보다는 하이브리드(Hybrid) 근무자가 더 압도적이기 때문입니다. 더 젊은 세대일수록 재택근무를 상대적으로 선호하지 않는다는 것은 100% 재택근무는 아직은 요

원하다는 의미입니다.

　최근 구글은 직원들이 최소한 일주일에 약 3일 동안 사무실에 출근해 근무하도록 의무화할 방침이며 이미 글로벌 사무실로 이 같은 지시를 내렸다고 합니다. 재택근무 프로세스에 가장 최적화되고 이를 선호할 것 같은 회사가 다시 대면 근무로 회귀하겠다는 강력한 의지를 보였다는 것은 재택근무의 확산이 빠르게 진행되지는 않을 것이라는 방증입니다. 정부는 재택근무 도입, 확산을 위해 사업장 컨설팅을 무료로 지원하고, 인프라 구축 비용도 지원한다고 합니다. 정부의 지원이 현실성 있는 하이브리드 근무자에게도 이루어질 수 있었으면 합니다.

줌타운(Zoom Town)이
뭘까요?

코로나19 확산에 따른 팬데믹(Pandemic)사태는 우리 생활 곳곳에 큰 영향을 미치고 있습니다. 그중 가장 두드러진 현상은 재택근무가 아닌가 싶습니다. 팬데믹 이전에도 IT 분야 종사자들을 중심으로 특정 기간 재택근무를 하는 형태는 있었지만 현재와 같이 다양한 업종들로 이런 근무 형태가 확산된 경우는 처음입니다.

한국경영자총협회가 2021년 4월에 조사한 결과에 의하면 재택근무에 대한 인식이 개선되면서 전체 응답기업의 43.6%는 '코로나19 확산이 끝난 후에도 재택근무가 지속되거나 확대될 것'이라고 전망했습니다. 실제로 그 이후 2023년 11월의 '매출 50대 기업 재택근무 현황조사'에서 응답 기업의 58.1%가 재택근무를 시행 중이라고 집계되었습니다. 2021년 91.5%와 비교하면 큰 폭으로 줄었지만 상당한 수치입니다.

〈매출 50대 기업의 재택근무 현황조사〉

구분	시행 중	미시행	
		시행했으나 미시행	계속 미시행
비중	58.1%	38.7%	3.2%

출처 : 한국경영자총협회

재택근무가 일상화되면서 주택 시장에도 변화가 일어나는 중입니다. 미국이 대표적인 나라인데 도심보다는 외곽지대가 뜨고 있다고 합니다. 특히 대도시를 중심으로 이러한 도심 탈출 현상이 두드러지는데 LA, 뉴욕 등이 대표적인 지역으로 꼽힙니다. 그동안 다운타운을 중심으로 생활하던 분들이 팬데믹의 영향으로 외곽으로 이주해간 지역을 '줌타운(Zoom Town)'이라는 신조어로 부릅니다. 이름에서 알 수 있겠지만 재택근무를 하기 위한 필수 화상채팅 소프트웨어 회사인 '줌(Zoom)'을 본떠서 붙인 이름입니다. 또한 줌타운은 '붐타운(Boom Town)'이라는 말에서 유래했는데, 큰 사업이 시작되어 갑자기 성장하는 마을이나 도시를 이르는 말입니다. 서부개척시대나 유전개발 등을 생각하면 이해가 쉽습니다.

캘리포니아에서는 주택 가격과 임대차 비용이 상상을 초월하는 산호세(San Jose), 샌프란시스코 지역에서 이러한 현상이 두드러지게 나타나고 있습니다. 과거에도 이런 현상이 없었던 건 아니지만 팬데믹으로 인해 그 속도가 빨라지고 있습니다. 미국계획협회저널(Journal of the American Planning Association)에 발표된 논문에 의하면 25,000명 미만의 마을 중 공원, 숲, 호수 또는 강에서 10마일(약 16킬로미터) 이내에 위치해 있으며 대도시지역에서 최소 15마일(약 24킬로미터)은 떨어진 지역이 주목받고 있다고 합니다. 거리가 멀어 매일 출퇴근은 불가능하지만 회의 등이 잡히면 갈 수 있는 거리입니다. 물론 이런 외곽지역 이주를 주도하는 계층은 밀레니얼세대입니다. 재택근무가 늘어나면서 더 큰 주택을 원하지만 도심에서는 예산을 맞출 수가 없기 때문입니다.

우리는 어떨까요? 물론 한국도 최근 서울을 벗어나는 인구는 늘고 있습니다. 2022년만 해도 서울을 벗어난 인구는 35,000명이 넘습니다. 가장 큰 이유는 주택문제라고 합니다. 일견 미국과 비슷한 흐름이라고 생각할 수도 있으나 세부적으로 살펴보면 차이점을 발견할 수 있습니다. 서울의 인구 감소는 어제 오늘의 일은 아니며 10만 명이 넘는 인구가 순 전출된 경우도 2015년(−13만 7,000명), 2016년(−14만 명), 2018년(−11만 명) 등 많았습니다. 오히려 최근에는 서울을 벗어나는 인구는 줄어드는(?) 추세입니다. 서울을 벗어나는 인구가 늘어나는 이유는 팬데믹 등 최근의 문제는 아니라는 것입니다.

〈연도별 서울 인구 이동 추이〉 (단위 : 명)

구분	2017년	2018년	2019년	2020년	2021년	2022년
인구 이동	−98,486	−110,230	−49,588	−64,850	−106,243	−35,340

출처 : 통계청

서울의 인구 감소로 수혜를 받는 지역 또한 미국과 다릅니다. 우리는 줌타운이 아니라 '철타운(Rail Town)'입니다. 경기도에서 아파트 가격 상승이 높은 지역 대부분은 철도 호재 때문입니다. 대표적인 도시가 의왕과 안산인데 철도 호재가 본격화된 2021년 들어 5월까지 아파트 매매 가격이 한국부동산원의 통계로 살펴봐도 각각 18.3%, 17.8% 상승했습니다. GTX 수혜지역을 중심으로 많이 올랐으며 정차역이 확정되지 않은 곳마저 GTX의 G만 나오면 아파트 가격이 급등하고 있습니다.

GTX는 일자리가 많은 서울 도심과 외곽지역을 연결하기 위한 목적으로 건설됩니다. 따라서 미국과는 다르게 우리는 서울 도심과의 접근성이 좋은 지역을 중심으로 외곽이 재편되는 듯합니다. 이로 인해 2021년 5월까지 경기도의 아파트 매매 가격 상승률은 12.43%로 서울(6.66%)의 두 배 수준입니다. 인천 또한 10.86%로 서울을 훌쩍 뛰어넘었습니다.

미국과 유사하게 대형 아파트의 움직임 또한 심상치 않습니다. 그러나 이 또한 세부적으로 살펴보면 다른 양상을 보입니다. 135㎡를 초과하는 서울 아파트의 매매 가격 상승률은 2020년 0.96%에 불과했습니다. 하지만 2021년 들어 5월까지의 상승률은 2.75%로 2020년의 상승률을 압도합니다. 물론 우리도 재택근무가 늘어나면서 넓은 집을 선호하는 영향이 반영된 측면도 있지만, 기본적으로는 중소형과 대형의 가격 차이가 너무 벌어졌기 때문에 이를 좁히려는 움직임이 더 크게 작용한다고 보여집니다.

〈규모별 서울아파트 매매 가격 상승률 비교〉 (단위 : %)

구분	40㎡ 이하	40㎡ 초과 ~ 60㎡ 이하	60㎡ 초과 ~ 85㎡ 이하	85㎡ 초과 ~ 102㎡ 이하	102㎡ 초과 ~ 135㎡ 이하	135㎡ 초과
2020년	1.55	4.51	3.05	2.14	1.92	0.96
2021년 (1~5월)	1.54	3.19	2.35	2.0	2.31	2.75

출처 : 한국감정원

미국과 다르게 우리는 '철타운'이 뜨고 대형 아파트가 주목받기는 하지만 주거 공간의 확대를 원하는 수요와 함께 벌어진 가격 차이를 메우려는 움직임이 더 크다는 사실에 주목해야 합니다. 미국 부동산 시장과 우리의 부동산 시장은 너무 다르기 때문입니다.

직주근접이 왜 중요할까요?
가구 증가율이 위험하기 때문입니다

　기본적인 부동산 수요는 인구수입니다. 인구가 늘어나는 지역에 투자하면 부동산의 안정성을 유지할 수 있습니다. 서울의 인구가 감소하고 있다는 소식은 서울에 아파트를 구입하려는 분들에게는 부정적인 뉴스임에 틀림없습니다. 하지만 궁극적으로 부동산의 매입 단위는 가구입니다. 엄마 한 채, 아빠 한 채, 아들 한 채씩 구입하는 경우도 있겠지만 가구당 한 채인 경우가 대부분입니다. 다주택자가 꽤 되지만 이들의 경우에도 매입의 의사결정은 가구 단위로 이루어집니다. 따라서 부동산 수요를 파악할 때 인구수도 중요하지만 가구수가 더욱 중요합니다.

　우리나라 인구는 3년 연속으로 감소 중인 것으로 나타났습니다. 2022년의 경우 자연감소 인원은 12만 3,800명으로 역대 최대 규모입니다. 더 심각한 것은 전국 17개 시도 중 세종(1,500명)을 제외한 모든 시도에서 인구가 자연 감소했다는 점입니다. 이렇게 인구 감소 폭이 두드러지지만 부동산 시장에서는 큰 이슈가 되지 않습니다. 왜냐하면 우리나라 가구수는 여전히 늘어나기 때문입니다. 통계청의 장례가구추계를 보면 2039년까지는 2,387만 가구까지 증가할 것으로 예상됩니다. 수도권의 비중은 계속 늘어나 2050년이 되면 51.3%로 2020년 48.9%보다 증가할 것으로 봅니다. 따라서 향후 15년간은 수도권 주택 부족 현상이 계속될 것이라는 판단입니다.

⟨수도권 시도별 총가구 구성비(2020~2050년)⟩

구분	2020년	2050년
서울	19.1%	16.6%
경기도	24.3%	28.8%
인천	5.5%	5.9%
계	48.9%	51.3%

출처 : 통계청, 장례가구추계(시도 편, 2022년 10월)

   하지만 가구수 증가율이 급격히 떨어지면서 이런 가정은 차츰 힘을 잃고 있습니다. 2011년부터 시작된 가구수 증가는 2020년 증가 폭이 급격히 줄어드는 중입니다. 2020년 전국의 가구수 증가율은 2.72%로 지난 10년간 가장 높았습니다. 하지만 이후 떨어지기 시작해서 작년에는 0.99%로 1%대 이하로 떨어졌습니다. 서울의 상황은 더 나쁩니다. 인구가 계속 줄어들었지만 가구수는 2020년 2.09%까지 증가합니다. 하지만 2021년 0.18%로 가구수 증가는 마침표를 찍었다고 보는 것이 현실적입니다.

〈수도권 가구수 증감률〉

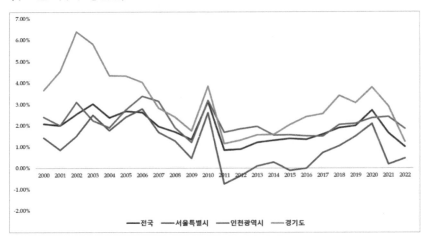

출처 : 통계청

아직 마이너스로 돌아선 것은 아니며 3년 정도의 기간을 두고 내린 단기간의 판단이지만 하락률이 너무 가팔라 걱정이 큽니다. 수도권을 중심으로 가구수가 더 이상 늘지 않거나 과거 예측했던 증가율이 잘못되었다고 한다면 현재와 같은 주택공급은 원점에서 다시 검토되어야 합니다. 윤석열정부에서 추진하는 270만 호 주택공급계획 또한 전면적으로 수정해야 합니다.

가구수 증가에 대한 논란은 예전부터 있었습니다. 왜냐하면 현재 증가하는 가구의 대부분은 1인가구이기 때문입니다. 1인가구를 바탕으로 세우는 주택공급계획의 실효성을 의심할 수밖에 없습니다. 기존 가구에서 분화되는 가구로 인해 실제 가구수가 과다 계상될 수 있다는 우려도 제기됩니다. 통계청의 장래가구추계에서도 2020년 31.2% 수준이던 1인가구의 비중이 2050년에는 39.6%에 이른다고 예상했습니다. 2050년이 되면

서울을 포함해 9개 시도에서 1인가구의 비중은 40%를 넘을 것이라는 전망입니다.

가구수에 대한 정확한 예측은 부동산 부문만이 아니라 우리나라 경제의 전반에 미치는 영향 또한 큽니다. 부동산 부문의 경우, 예전에 주택보급률 계산 방식을 바꾸는 계기도 1인가구의 증가가 가장 큰 요인이었습니다. 가구수 전망이 원점에서 재검토되어 보다 정확한 예측이 이루어졌으면 합니다. 인구수가 되었든, 가구수가 되었든 본격적인 감소의 시기에 접어들면 자연증가보다는 사회적 증가(인구 이동)에 관심을 가지게 됩니다. 그 시기에 어디가 살아남는 지역이 될지는 일자리가 결정할 것으로 보입니다.

부동산 양극화
한국만의 문제일까요?

　서울에서 가장 비싼 아파트의 국민평형(전용면적 85㎡) 가격이 40억 원을 훌쩍 넘었습니다. 부동산 시장의 양극화를 나타내는 대표적인 지표인 전국 5분위 배율은 9배에 가깝습니다. 하위 20% 아파트의 평균 매매 가격과 상위 20% 아파트의 가격 차이가 9배에 이른다는 말입니다. 지역별, 상품별 아파트의 가격차이는 갈수록 벌어지는 중입니다.

　우리만 그럴까요? 아닙니다. 글로벌부동산 시장 또한 양극화의 문제로 골머리를 앓는 중입니다. 미국은 고가 주택 판매가 크게 늘고 있다고 합니다. 코로나19가 소득 양극화를 심화시킨다는 분석이 많았는데 주택 시장 또한 마찬가지입니다. 부동산 중개회사인 레드핀(Redfin)에 의하면 2021년 초고가 주택 판매는 2020년 같은 기간과 비교해 26% 늘었다고 합니다. 저가형 주택은 18%, 중간 수준의 주택 판매는 15% 늘었으니 차이가 확연합니다. 지역에 따른 차이도 큰데 샌프란시스코의 경우 고가 주택 판매가 무려 82%나 늘었다고 합니다.

〈가격대별 거래 및 매물 증가율 비교〉

구분	고가(High-End) 주택	중가(Mid-Priced) 주택	저가(Affordable) 주택
판매 증가율	26%	14.8%	17.8%
매물 증가율	19%	9%	14%

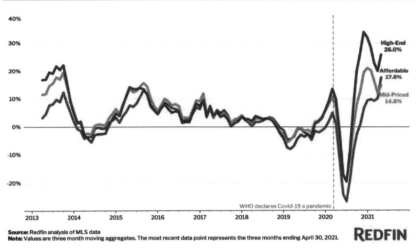

출처 : Redfin

    영국도 마찬가지입니다. 브렉시트와 팬데믹의 영향으로 일반 주택과 임대 주택의 차이가 크게 벌어졌습니다. 2021년 9월 말 기준으로 평균 주택 가격은 7.4%나 올랐는데 이는 14년 만에 가장 큰 인상폭이라고 합니다. 하지만 저렴한 가격의 월세로 제공되던 협소 임대 주택의 경우 외국인 노동자들의 귀국으로 수요가 줄면서 임대료가 많이 떨어졌다고 합니다. 임대료가 떨어졌다고 해도 일반 주택의 매매가는 계속 오르기 때문에 중산층 영국인들의 내 집 마련은 더욱 힘들어졌을 것입니다.

자산 버블이 꺼지면서 양극화를 심하게 겪은 일본의 경우도 해당됩니다. 도쿄 도심의 역세권 아파트는 오르지만 지어진 지 오래된 곳이나 역에서 멀면 가격이 오히려 떨어집니다. 일본의 모델하우스를 방문해서 이 아파트(맨션)가 5년 후에 얼마나 오를 건가를 물으면 그 말을 이해하는 담당자를 찾기가 쉽지 않습니다. 주택은 시간이 지나면 감가상각이 되어 가격이 떨어지는 것을 당연하게 생각합니다. 그나마 도쿄의 역세권과 주거선호지역은 꾸준히 가격이 오르는데 이는 특별한 경우라고 받아들여야 합니다.

주택 시장의 양극화는 일반적입니다. 소득 수준이 높아지고 돈이 많이 풀리면 자연스럽게 나타나는 사회 현상입니다. '돈'은 될 놈에게 몰리는 특성이 있습니다. 넘치는 유동성은 고(高)수익이 기대되는 곳으로 몰립니다. 이는 자산 가격 상승을 가져올 것이며 동일 자산 내에서도 옥석 가리기가 활발하게 이루어지게 됩니다.

자산 가격 양극화를 대부분의 분들은 불편하게 받아들입니다. 하지만 이런 사회 현상은 객관적으로 보는 자세가 필요합니다. 물론 이를 해결하기 위해 적극적으로 사회운동에 동참하는 것도 나쁘지 않지만, 오히려 어떻게 대응할까를 고민하는 것이 더욱 바람직합니다. 부동산 시장의 양극화로 인해 위험요인이 늘어났지만 기회요인 또한 많이 증가했기 때문입니다.

먼저 무주택자는 하루빨리 집을 사는 것이 좋습니다. 폭락론자들의 공허한 논리를 추종하지 말고 자신만의 투자 프레임을 가지고 행동에 나서야 합니다. 1주택자는 갈아타기에 집중해야 합니다. 양극화되는 주택 시장에 대응하기 위해서는 조금 더 주거선호지역, 조금 더 도심으로 진입해야 합니다. 이미 정부의 온갖 규제로 인해 서울 아파트는 트로피(Trophy)화되고 있습니다. 갖고 싶어도 가질 수 없는 명품으로 변모하는 중입니다. 주택 시장의 양극화는 거대한 글로벌 현상입니다. 이런 추이는 앞으로도 바뀌지 않을 것입니다. 하루빨리 양극화에 대응할 수 있는 자산 포트폴리오를 재구축하는 전략이 필요해 보입니다.

2장.

어디를 사야 할까요?

주거선호지역은
왜 바뀌지 않을까요?

주거선호지역은 잘 바뀌지 않습니다. 강남 아파트가 인기가 높은 지는 이미 수십 년이 지났습니다. 물론 강남 내에서 반포동, 개포동, 압구정동 등의 미세한 변화는 있지만 궁극적으로는 강남입니다. 강남 외의 다른 지역이 뜨기보다는 오히려 강남이 가진 경쟁력이 주변으로 파급되는 모양새입니다. '강남3구'로 송파구가 포함된 것이 엊그제 같은데 이미 강남은 '강남4구'로 불립니다. 어떤 분들은 불쾌할 수도 있지만 강동구마저 강남권역으로 흡수하는 중입니다.

주거선호지역은 수요의 확장성이 뛰어납니다. 수요가 정체되어 있는 것이 아니고 끊임없이 확대 재생산된다는 말입니다. 지역적 경계가 명확하기에 공급은 한정될 수밖에 없는데, 수요가 계속 늘어나니 가격이 오르는 것입니다. 그 넘치는 수요를 다 받을 수 없기에 주변 지역까지 흡수하고 있습니다. 이를 '도시연담화(Conurbation)'라고 합니다. '군'이라는 행정구역이 있는 지방광역시가 다수입니다. 부산은 기장군, 울산은 울주군, 대구에는 달성군이 있습니다. 이런 군 지역은 과거에는 지방광역시에 포함되지 않았던 지역입니다. 하지만 중심도시가 팽창하고 시가화가 확산되면서 주변 중소도시가 달라붙어 거대도시로 형성되는 과정에서 바뀐 것입니다. 한마디로 수요의 확대 재생산입니다.

〈3.3㎡당 매매 평균 가격 상위 지역〉

순위	1위	2위	3위	4위	5위
지역	압구정동	반포동	잠원동	개포동	대치동
3.3㎡당 가격	1억 137만 원	9,085만 원	7,743만 원	7,524만 원	7,434만 원

출처 : 호갱노노(2023년 9월)

수요의 확장성에 주목해야

수요의 확장성이 뛰어난 주거선호지역은 실수요와 투자 수요 모두에게 매력적입니다. 주거선호지역은 생활인프라가 뛰어나니 들어가 살고 싶다는 수요가 탄탄합니다. 이에 더해 투자 대상으로서도 나쁘지 않습니다. 새로운 개발 이슈가 있는 지역에 비해 수익률은 높지 않지만 그래도 안정적입니다. 지난 10년간 강남 지역의 가격 상승률은 그렇게 높지 않았지만, 타 지역에 비해서는 변동성이 낮다는 장점이 있습니다. 자산가들이 좋아할 만한 속성을 가졌다는 말입니다. 꾸준한 수익을 벌어주는 안정적인 상품은 그리 흔하지 않습니다. 지방의 중소도시는 개발 이슈가 발생하면 급격히 가격이 상승합니다. 하지만 이슈가 사라지거나 더 이상 이슈로 부각되지 않으면 급락합니다. 변동폭이 크기에 안정적인 투자 상품은 아닙니다. 투자해야 할 시점과 팔고 나와야 할 시점을 잡기가 만만찮습니다. 흔히 말하는 불확실성이 큰 상품이 됩니다. 수요의 확장성이 큰 지역은 안정성 또한 뛰어납니다. 이는 단순히 부동산 상품에만 적용되는 논리는 아닙니다. 전체 자산 시장으로 확대하더라도 마찬가지입니다. 서울 아파트의 평균 매매 가격이 가장 안정적입니다.

〈상품별 안정성 비교〉

항목	2022년 1월	2022년 12월	변동폭
서울 아파트 평균 매매 가격	125,969만 원	126,421만 원	0.36%
코스피 지수	2,988.77	2,236.40	−25.17%
비트코인	47,738.0$	16,559.5$	−65.31%

출처 : KB국민은행, Investing.com

　주택의 수요는 대부분 인근에서 발생합니다. 아파트를 분양하는 분양 대행사에 물어보면 지역 내 수요가 대부분이라고 합니다. 지방의 중소도시에서 분양하는 아파트를 매력적으로 여겨 서울에서 투자를 하러 가는 사람은 많지 않다는 말입니다. 하지만 수요의 확장성이 뛰어난 강남의 아파트는 전국의 투자자들이 선망하는 투자 대상입니다. 수요의 확장성이 크다는 말입니다. 실수요도 풍부하고 투자 수요도 만만찮습니다.

　강남 아파트만큼 수요의 확장성이 뛰어난 상품은 토지입니다. 아무리 강남의 아파트가 수요의 확장성이 뛰어나도 매수자들의 상당수는 수도권 거주자들입니다. 이에 비해 토지 수요는 아파트만큼 많지 않지만 전국적입니다. 제주 제2공항이 건설되는 지역의 외지인 소유 비중은 50%에 가까웠습니다. 이러한 현상은 제2공항 발표가 있기 전 3년 사이에 집중적으로 이뤄진 토지 거래의 결과입니다. 이렇게 개발 이슈가 크게 부각된 지역의 경우 대부분 외지인 보유 비중이 50%를 넘기기 일쑤이며, 개발 이슈가 부각되기 직전에 이루어집니다. 그만큼 토지는 수요의 확장성이 큰 상품이라는 말입니다.

〈상품 간 수요 확장성 비교〉

구분	확장성 상품	비확장성 상품
유형	강남 아파트, 토지	주택, 상가
상승폭	10배 이상	2~5배
시점	장기	단기
투자 전략	여유 자금	단기 자금
투자 방법	적립식	거치식

출처 : 저자 작성

고령화로 강남의 수요 확장성은 증가

고령화시대를 맞이해 주거선호지역에 대한 수요 확장성은 더욱 커질 가능성이 높습니다. 강남 지역의 거주자들 중 상당수는 은퇴(예정) 계층입니다. 강남이 본격적으로 개발되기 시작한 이후에 입주한 연령층입니다. 학군 등 생활인프라 수준이 높아 정착했지만 자녀들이 모두 분가한 이후에도 굳이 강남을 떠나지 않습니다. 다양한 커뮤니티가 강남 거주자들을 중심으로 이루어져 오히려 떠나기가 어렵습니다. 주택은 토지에 비해서는 수요 확장성이 떨어지지만 그래도 강남 지역은 가장 확장성이 높은 곳입니다. 강남의 기존 거주자들이 계속 거주하기를 희망한다면 신규로 진입하려는 수요자들은 기회를 얻기 힘들 것입니다. 입주에 따른 기회비용이 증가한다는 말입니다.

강남에 거주하기를 희망하는 계층 중 밀레니얼세대를 빼놓을 수 없습니다. 최근 조사에서 드러나는 이들의 주거 특성은 직장 근처에 머무르길 원한다는 것입니다. 특히 문재인정부 들어 복지예산을 늘리기 위해 SOC 예산이 급감하는 상황에서 외곽보다는 도심이 부각될 가능성이 높습니다. 서울의 3대 도심 중 가장 매력적인 주거선호지역으로 꼽히는 강남에 거주하기를 원하는 밀레니얼세대가 증가한다면 주거선호지역은 더욱 고착화, 공고화될 수밖에 없습니다. 이러한 현상은 비단 주택에만 적용되는 것은 아닙니다. 서울에서 가장 땅값이 비싸다는 명동의 특정 부지는 15년째 전국 1위를 기록 중이라고 합니다. 새로운 상권이 생기는 경우보다는 기존 유망 상권이 확장되는 경우가 더 흔합니다. 홍대 상권의 확장세는 무섭고, 어디까지 확장될지 예측하기조차 힘듭니다. 주거지역이든 상업지역이든 선호지역은 수요의 확장성으로 인해 오래가며, 주변에 미치는 영향이 크기 때문입니다.

판교, 이제 강남과 경쟁합니다

서울에서 아파트 가격이 가장 높은 곳은 어디일까요? 평균 매매 시세와 평균 거래 가격 사이에는 다소 차이를 보였습니다. 앞서 살펴보았지만, 다시 한번 자세히 짚어보겠습니다. 평균 거래 가격으로 환산하면 압구정동이 3.3㎡당 1억 137만 원으로 가장 높습니다. 다음은 서초구에 속해 있는 반포동(9,085만 원)과 잠원동(7,743만 원)입니다.

⟨3.3㎡당 매매 평균 가격 상위 지역⟩

순위	1위	2위	3위	4위	5위
지역	압구정동	반포동	잠원동	개포동	대치동
3.3㎡당 가격	1억 137만 원	9,085만 원	7,743만 원	7,524만 원	7,434만 원

출처 : 호갱노노(2023년 9월)

우리나라에서는 평균 매매 거래 가격을 지역별로 발표하지 않습니다.

하지만 미국에서는 이 통계를 아주 중요하게 생각합니다. 현재 시장의 흐름을 비교적 정확하게 알 수 있기 때문입니다. 시세는 그 지역 주택 가격의 평균을 의미하지만 거래는 현재 어떤 지역이 주목받고 있고, 어떤 상품이 많이 관심 받는지를 파악하는 데 훨씬 도움이 됩니다.

실리콘밸리의 배후주거지 애서튼, 미국 내의 집값 1위

그럼 미국에서 주택 가격이 가장 높은 곳은 어디일까요? 대부분이 뉴욕의 맨해튼이라고 생각할 것입니다. 안타깝게도 뉴욕의 맨해튼은 시세가 높은 곳이지 거래 가격이 가장 높은 곳은 아닙니다. 2022년 미국에서 거래된 주택 가격을 우편번호 단위별로 분류하면 애서튼(Atherton)이 1위입니다. 애서튼에서 거래된 주택 실거래가의 평균은 790만 달러에 달했습니다. 애서튼은 실리콘밸리 교외 부촌으로 IT 업종 호황의 가장 큰 수혜를 받는 지역입니다.

2위는 575만 달러의 뉴욕주 사가포낙(Sagaponack)으로 애서튼과의 가격 차이는 큽니다. '프로퍼티샤크(PropertyShark)'라는 미국의 부동산 정보업체가 조사하는 자료에 의한 것인데, 여기에서 뉴욕시는 10위권에도 들지 못했습니다.

애서튼은 프로퍼티샤크의 조사에서 7년 연속 1위를 기록했습니다. 애서튼의 사례는 미래의 일자리가 주택 가격에 미치는 영향을 시사합니다. 2023년 9월 현재를 기준으로 미국 주식 시장의 시가총액 순위 5위 기업은 모두 IT 회사들입니다. 세계 주식 시장 시가총액에는 아람코(ARAMCO)

〈2022년 우편번호 기준 가장 비싼 주택 거래 가격 순위〉

출처 : PropertyShark

가 포함되어 있지만, 나머지 4개 기업들 역시 모두 IT 업종입니다. 불과 10년 전만 하더라도 미국 주식 시장의 시가총액 1위 기업은 미국 최대 석유회사인 엑슨모빌(ExxonMobil)이었습니다. P&G와 GE는 10년이 지나 10위권 밖에서도 사라져버렸습니다.

고급 직주근접, 부동산 투자의 핵심 바로미터(Barometer)

미래의 일자리인 게임, IT, 바이오가 미국 주식 시장을 지배할 뿐만 아니라 집값 또한 좌지우지하는 중입니다. 이는 우리에게도 시사하는 바가 큽니다. 미래의 주택 가격은 고급 일자리에 의해 좌우될 것이라는 강력한 증거입니다. 직주근접이 미래 주택 가격의 가장 강력한 변수이며 더 중요한 사실은 고급 일자리라는 것입니다. KB국민은행에 의하면 2023년 10월 기준, 서울의 상위 20% 아파트의 평균 매매 가격은 24억 4,800만 원을 넘어섰습니다. 누가 이 돈을 주고 사냐고 생각할 수 있지만, 최근 고급 일자리가 늘어나면서 자산가들의 숫자 또한 증가하는 중입니다. KB금융지주경영연구소에 의하면 2010년 이후 지난 10년간 한국의 부자들은 매년 9.2%씩 증가했다고 합니다. 같은 기간 한국 전체 인구가 매년 0.5%씩 증가하고, 경제 규모가 4.2% 성장한 데 그친 반면 부자의 수는 매우 빠르게 증가한 것입니다.

미국의 사례를 우리에게 적용한다면 경기도는 판교, 서울은 마곡을 주목할 필요가 있습니다. 판교테크노밸리와 마곡지구는 고급 일자리가 넘쳐나는 곳입니다. 판교는 게임과 IT, 그리고 마곡지구는 R&D와 BIO입니다. 판교는 미래 유망산업의 집적효과를 위해 제2의 판교, 제3의 판교를 개발할 계획입니다. 최근 매출 1조 원을 돌파한 현대백화점 판교점이 경기도 소재 백화점 최초로 명품 에르메스의 매장 유치에 나섰다고 해서 유통업계가 술렁이고 있습니다. 판교가 경기도 최고는 물론, 강남을 위협하는 부촌으로 부상하면서 현대백화점 판교점은 신세계 강남점, 롯데 본점, 롯데 잠실점 등과 경쟁하고 있습니다. 2023년 10월 현재 아직도 대기업들이 입점하고 있는 상태인 마곡지구가 완성되면 16만 5,000명의 고급 일자리가 생깁니다. 마곡의 고급 일자리 증가 속도는 서울의 여타 지역을 압도합니다. 미국 애서튼과 마찬가지로 장기적으로 판교와 마곡은 안정적인 고급 일자리를 기반으로 아파트 가격이 지속적으로 상승할 가능성이 큽니다. 미국과 같이 애서튼(판교)이 맨해튼(강남)을 추월할 가능성은 그리 크지 않지만, 현재보다 더 주목받을 것으로는 충분히 예상해볼 수 있습니다. 이제부터 부동산 투자자들은 미래의 고급 일자리가 어디에서 생기는 지를 미리 점검해야 할 것입니다.

천지개벽,
마곡지구

판교테크노밸리 7만 명, 마곡지구 16만 5,000명! 마곡지구는 서울 강서구 마곡동과 가양동 일원에서 개발 중인 도시개발사업입니다. 서울특별시 내의 마지막 대규모 미개발지로 여타 신도시와는 다르게 서울시와 SH공사가 단독으로 추진한 자체 개발사업입니다. 개발면적이 1, 2기 신도시에 비해 크지 않으나 서울이라는 장점이 부각되는 지역입니다.

이 부지는 원래 서울월드컵경기장을 유치하기 위한 용도였습니다. 실제로 초기에는 마곡엠밸리의 가격을 상암동과 자주 비교했는데, 이런 역사적 사실이 끼여 있어서입니다. 그러나 2002년 월드컵을 앞두고 상암동쪽에 월드컵경기장을 짓기로 결정되면서 마곡지구는 디지털미디어시티사업 이후 개발하기로 결정했습니다.

교통난에 시달리는 여타 신도시와는 다르게 마곡지구가 가지는 가장 큰 장점은 교통입니다. 서울의 서쪽 끝에 위치해 있지만 김포공항, 서울

역뿐만 아니라 강남으로의 접근성까지 뛰어납니다. 그렇다고 마곡지구가 서울 도심의 베드타운도 아닙니다. 자체적으로 16만 5,000명의 고급 근무 인력을 보유하고 있습니다. 판교테크노밸리에서 겨우(?) 7만 명이 근무하는데 그 2배가 넘는 연구인력들이 근무합니다.

고용인구에 비해 거주인구가 120%인 판교와는 다르게 마곡은 20%에 그칩니다. 그건 대부분의 마곡지구 부지가 상업과 업무용으로 쓰였기 때문입니다. 그 비중이 30%에 이르러 판교(7.7%)와도 비교가 됩니다. 반면 주거지역은 16.2%로 최소화했습니다. 판교는 25.5%가 주거지역입니다.

〈신도시 용도지역별 비교〉

구분	상업·업무	주거	비고
마곡	30%	16.2%	업무시설만
판교	7.7%	25.5%	대부분 업무시설
분당	8.3%	32.3%	
일산	7.8%	33.4%	

출처 : 각 사업별 홈페이지

땅값만 1조 원에 이르는 4조 원에 가까운 개발사업이 3개나 진행됩니다. 2021년에 착공했고, 2025년 대부분 준공됩니다. 일례로 마곡MICE복합단지는 3조 5,000억 원이 투입되는데, 잠실MICE가 2조 3,000억 원 수준이니 규모로서는 압도합니다. 여기에 더해 김포공항도 공항복합도시로 개발됩니다. 김포공항개발은 고도제한과 맞물려 있어 시간은 걸리겠지만 복합상업기능과 산업기능을 추가해서 터미널을 확충하고, 교통체계도 함께 개선할 예정입니다.

마곡지구는 임대 주택이 많다고 폄훼하는 분들이 많습니다. 하지만 판교 또한 임대 비율이 45.3%에 이릅니다. 이젠 소셜 믹스(Social Mix)가 양극화를 해결하기 위한 대안으로 부상하고 있기 때문에 거스를 수 없는 시대적 대세입니다. 따라서 임대 주택을 가지고 특정 도시를 부정적으로 보는 시각은 그리 좋은 방향은 아닌 듯합니다.

LG그룹의 핵심 계열사의 R&D센터가 마곡에 집중되어 있습니다. 이를 부동산에서는 핵심 임차인이라고 합니다. 2017년 10월부터 LG전자가 마곡지구에 입주하기 시작하면서 마곡의 아파트 가격은 급등하게 됩니다. IT와 화학, 그리고 대우조선해양이 매각한 부지에 의료·바이오 회사들이 대거 들어오면서 다양한 클러스터가 형성되고 있습니다. 행정기능 또한 속속 입주하는 중입니다. 강서세무서가 이미 이전했고, 강서구청 또한 이전하기 위한 공사를 진행하고 있습니다. 이대서울병원과 마곡식물원 그리고 역삼동에서 옮겨온 LG아트센터는 덤입니다.

상권도 빠르게 형성되고 있습니다. 신촌이대역 주변 스타벅스가 모두 11개인데 마곡권 또한 동일한 수의 스타벅스가 입점해 있습니다. 핵심인 마곡나루역 주변은 빈 상가를 찾아보기 쉽지 않습니다. 마곡엠밸리7단지 옆 공원에 있는 스타벅스는 주민들의 최애 장소로 자리매김하는 중입니다. 천지개벽한 마곡은 또 다른 미래를 꿈꾸고 있습니다.

용산은 강남을
넘어설 수 있을까요?

　용산이 뜨겁습니다. 서울 부동산 시장마저 하향 조정을 겪고 있는데 반해 용산의 가격 상승세는 여전합니다. KB국민은행에 의하면 2023년 기준, 지난 1년간 용산의 아파트 매매 가격 상승률은 10%에 가깝습니다. 강남구는 물론 서초구보다도 더 높습니다. 한국부동산원에 의하면 2017년 12월 송파구의 아파트 평균 매매 가격을 넘어선 이후 서울 내 3위의 가격 수준을 유지하는 중입니다. 수급요인도 긍정적이라 미래의 전망 또한 좋습니다. 부동산지인에 의하면 용산구의 아파트 적정 입주량은 매년 1.1천 세대이나 올해에도 임대(원효루미니)를 제외하면 384세대, 2024년과 2025년에는 각각 26세대, 187세대에 그칩니다. 그나마 이것도 고급주택의 입주가 포함되어 있어 서울의 물량 부족과 함께 용산의 주택 시장은 탄탄할 것으로 예상됩니다.

구분	강남구	서초구	용산구	송파구
평균 매매 가격	21.84억 원	20.10억 원	16.45억 원	16.00억 원

출처 : 한국부동산원(2023년 8월)

하지만 용산을 더 두드러지게 만드는 가장 큰 요인은 개발 호재입니다. 용산구의 70%의 면적이 개발 중이라고 하니 서울에 속한 자치구라는 것이 믿기지 않습니다. 용산공원과 함께 대표적인 개발 호재는 뭐니 뭐니 해도 용산정비창을 국제업무지구로 만드는 계획입니다. 2013년 기존의 도시개발사업이 최종 무산된 이후 10년째 방치되어온 사업입니다. 서울의 마지막 남은 도심을 글로벌 하이테크 기업이 몰려드는 아시아의 실리콘밸리로 만들 것입니다. 입지규제최소구역으로 지정해 1,500%라는 용적률 상한을 벗어나려고 합니다. 예상컨대 강남역에서 삼성역에 이르는 테헤란로의 모든 대형 빌딩들이 국제업무지구로 들어올 수 있는 규모입니다. 직주혼합도 계획 중입니다. 일자리와 주거, 여가 및 문화가 지구 내에서 실현될 수 있는 다용도 복합개발을 기대합니다.

용산정비창 개발의 핵심은 공공이 5조 원을 투자해 인프라 등을 선개발하고 민간이 단계적으로 완성한다는 점입니다. 국제업무지구의 개발 방식 변화로 용산 부동산의 가치는 더욱 높아질 것입니다. 현대자동차그룹이 개발 중인 삼성동의 GBC 사례를 적용한다면 용산정비창 개별 부지의 낙찰 가격은 상상을 초월하는 금액이 될 것입니다. 현재도 용산정비창 전면1구역 지분의 호가는 3.3㎡당 2억 원에 육박합니다. 부지 조성과 인프라 구축이 끝난 후 낙찰가가 얼마가 될지, 그리고 이 낙찰가가 용산, 나아가 서울의 토지 가격을 얼마나 끌어올릴지 예상하기 힘듭니다.

부동산적 의미만이 아닙니다. 용산 개발의 배경에는 갈수록 떨어져가는 서울의 도시경쟁력이 작용했음을 부정하기 어렵습니다. 더 큰 문제는 미래 성장성을 측정하는 글로벌 도시전망에서 서울이 31위로 추락했다는 점입니다. 현재도 FDI(외국인 직접 투자)가 가장 낮은 수도로 전락했지만, 미래가 없는 도시 서울을 바꾸기 위해서는 혁신적 공간조성이 전제되어야 합니다. 따라서 용산은 용산만의 의미가 아닌 2040서울도시기본계획에서 선언한 한강을 중심으로 한 글로벌 혁신코어에 기반합니다. 강남은 동서 방향으로 그 업무기능을 확산(분산)시킬 계획이지만, 용산은 국제경쟁혁신 축의 완성으로서 광화문-서울역-용산-여의도를 연결하는 화룡정점이 될 것입니다. 따라서 용산과 여의도를 연결하는 데 필히 거쳐야 하는 마포 또한 그 호재를 고스란히 받을 가능성이 큽니다.

하지만 용산 개발이 성공하기 위해서는 갖춰야 할 것이 많습니다. 핵심 주거선호지역이 바뀌거나 별다른 노력 없이 조성되는 경우는 없습니다. 과거 강남과 판교신도시가 조성된 경우를 생각해본다면 천지개벽할 수준으로 도시가 정비되면서 미래 글로벌 대기업이 참여하게 될 용산 개발은 성공할 가능성이 큽니다. 하지만 강남과 판교를 뛰어넘는 무언가를 찾아야 합니다. 조심스럽지만 그 무언가를 '글로벌'이라고 봅니다. 서울의 국제경쟁력이 떨어진 이유도 글로벌화에서 찾아야 합니다. 용산은 외국기업과 인재를 유치하고 정착시키기 위해 국제교육시설과 병원 같은 외국인 생활 인프라 유입이 필요합니다. 우리도 해외에 나갈 때 가장 고민하는 부분이 교육과 의료입니다. 이런 인프라가 제대로 갖추어지지 않으면 글로

별도시로의 발전은 기대 난망합니다. 생활 인프라를 글로벌 수준으로 구축하기 위해서는 규제 완화가 선행되어야 합니다. 그렇지 않을 경우 직주혼합은 물 건너갈 가능성이 큽니다. 외국인만 진료하는 병원은 매력적이지 않습니다.

주택 시장이 하락 조정기인 현재, 용산은 기회의 땅입니다. 급매로 나와 있는 기존 아파트도 좋으며 정비사업이 추진 중인 구역이나 단지들도 매력적입니다. 하지만 토지거래허가구역이나 분양가 상한제 등 겹겹이 쌓인 규제들도 고려해야 합니다. 지금 주택 시장의 부정적인 여건을 고려한다면 주저할 수 있지만, "남들이 겁을 먹고 있을 때가 욕심을 부려도 되는 때"라는 워런 버핏(Warren Buffett)의 조언처럼 용산의 미래에 욕심을 내보는 것이 어떨까 싶습니다.

삼표레미콘공장이 떠나면
성수동이 좋아질까요?

경제학에는 외부효과(External Effect)라는 용어가 있습니다. 금전적 거래 없이 어떤 경제주체의 행위가 다른 경제주체에 영향을 미치는 효과 혹은 현상을 말합니다. 공공재(Common Wealth)와 함께 시장 경제에 정부가 개입할 수 있는 대표적인 사례로 꼽힙니다. 외부효과는 긍정적인 효과도 있지만 부정적인(Negative) 효과도 발생합니다. 긍정적인 효과에는 정부가 부담금 등을 매기고, 부정적인 효과에는 지원을 해줘야 하겠지요. 성수동의 삼표레미콘공장의 경우 현재는 부정적인 외부효과라고 볼 수 있습니다. 45년 전 공장이 설립될 당시에는 혐오시설이 아니었을 수 있지만, 현재는 주민 불편과 환경에 부정적인 영향을 미치는 1순위 이전 대상이 되었습니다. 외부효과는 이처럼 시기에 따라 다르게 작용할 수도 있습니다. 과거에는 정부청사가 긍정적인 외부효과의 전형적인 사례였으나 현재는 부정적으로 받아들이는 국민들이 더 많습니다.

성수동의 삼표레미콘공장이 2022년 완전 철거되었습니다. 공장이 건립된 지 45년 만의 일입니다. 서울시는 해당 부지를 복합거점으로 활용해 전 세계 관광객이 찾는 서울의 대표 명소로 재탄생시킨다는 계획입니다. 정확한 계획에 대해서는 추가적으로 관계 기관 간의 협의가 필요할 듯합니다. 당초 서울시는 공장 철거 부지 28,804㎡를 공원화할 계획이었습니다. 사유지인 서울숲 내 주차장 부지를 준주거지역으로 상향해 매각하고 그 비용으로 철거 부지를 수용해 공원으로 조성한다는 구상을 세운 바 있습니다. 하지만 주거지 근접공원을 축소하면서 주택용지로 민간에 매각할 경우 특혜 시비와 함께 도시계획적 합리성이 부족하다는 공감대가 형성되면서 문화여가공간(공연장, 잔디공간, 주차장 등)이라는 새로운 개발 방향이 결정된 것입니다.

부정적인 외부효과가 사라진다고 바로 긍정적인 영향이 나타나는 것은 아닙니다. 외부효과가 사라진 그곳에 어떤 시설이 들어오고 어떻게 활용되는지가 더 크게 작용할 듯합니다. 왜냐하면 외부효과는 시장 시스템 내에서 거래라는 방식을 통해 이루어지지 않기 때문에 이해 관계자들 간의 협의가 가장 중요합니다. 서울시의 생각은 '2040서울도시기본계획'에 나와 있습니다.

긍정적인 외부효과를 담보하기 위해서는 현재와 미래 성수동의 개발계획들과의 조화도 중요합니다. 공장 철거가 결정된 것은 몇 년 전의 일이기 때문에 이미 시세에는 반영되었다고 보여집니다. 성수동은 갤러리아포레, 트리마제, 아크로포레스트 등 초고층 3대장이 들어서면서 서울 강북의 신흥 부촌으로 자리를 잡아가고 있습니다. 여기에 성수전략정비구역 또한

'2040서울도시기본계획'에 따라 개발의 가속도가 예상되는 만큼 미래 가치에 대한 기대감은 큽니다.

명품 플래그십 스토어가 들어오는 것도 성수동에는 긍정적 외부효과가 될 수 있습니다. 크리스챤디올꾸뛰르코리아가 성수동에 '크리스챤디올'의 단독 대형스토어 오픈을 위해 막바지 공사를 진행 중입니다. 명품 브랜드의 성수동 입성 첫 사례로 디올 이후 또 다른 명품 브랜드의 성수동 상륙 가능성도 높다고 내다보고 있습니다. 성수동이 청담동을 잇는 '제2의 명품거리'가 될 수도 있다는 전망입니다. 기존의 독특한 카페와 음식점, 패션 팝업 스토어 등이 몰려들면서 젊은 층에서 힙한 구역으로 통하는 성수동에 대표적인 명품 브랜드까지 더해지면서 지역의 브랜드 가치는 더욱 높아질 것입니다.

삼표레미콘공장의 철거는 고급 주거단지와 문화시설이 어우러진 성수가 복합업무 클러스터로 발전해나갈 수 있는 전기(轉機)가 될 수도 있습니다. 개발에 탄력을 받을 수 있는 성수는 자유로운 분위기에 비교적 저렴한 임대료 및 교통 이점을 바탕으로 적은 비용으로 업무 효율성을 강화하려는 2030세대의 젊은 인재들의 집합소가 되고 있습니다. 다행히 여가문화공간은 이러한 분위기에 잘 맞는 개발 방향이 될 수 있습니다. 여기에 자연환경(한강, 서울숲)까지 우수한 곳이기 때문에 성수 지역은 계속해서 성장해나갈 것으로 기대됩니다. 지금부터라도 성수동을 주목해도 늦지 않을 듯합니다.

광교로 기업들이
몰려듭니다

광교신도시는 경기도 수원시(88%)와 용인시(12%)에 경기도청 이전에 맞추어 지어진 신도시입니다. 명칭은 공모로 결정되었는데 용인과 수원에 걸쳐 있는 '광교산'에서 유래했습니다. 광교의 랜드마크는 '광교호수공원'입니다. 가보신 분들은 다 반하게 되는데, 일산호수공원보다 규모가 훨씬 큰 광교호수공원은 인공호수인 일산과는 달리 기존에 있던 '신대 저수지'와 '원천 저수지'를 공원화해 자연친화적으로 조성되었습니다.

광교신도시는 2007년 착공해서 2011년부터 입주가 시작되었으나, 경기도청은 지연되어 2017년 7월 착공, 2022년 2월에서야 개청식을 했습니다. 경기도청 개청식 훨씬 전인 2019년 3월 이미 수원지방법원, 수원고등법원 그리고 수원고등경찰청이 광교신도시 법조타운 부지로 이전했습니다. 도의회를 포함하면 이전 직원 수는 3,500명에 이릅니다. 광교신도시 계획과 함께 교통 인프라도 빠르게 구축되었습니다. 2016년 1월 신분당선 광교중앙역, 광교역이 개통되었습니다. 신분당선은 빠른 속도(표정속도 47.6km/h 이상)를 자랑해 강남역까지 38분, 신사역까지 42분 내로 접근할 수 있습니다.

〈광교신도시 직주근접 현황〉

구분	광교 테크노밸리	경기도청 신청사	수원 컨벤션센터	광교 법조타운	합계
상주 인구	약 6,000명	약 1만 명	약 7,000명	약 9,000명	약 3.2만 명
완료 시기	2008년 2월	2022년 1월	2019년 3월(1단계)	2019년 3월	

출처 : 각 사업별 홈페이지

판교테크노밸리가 IT 기업들을 유치하기 위한 곳이라면 광교신도시 사업의 일환으로 추진한 산업단지 사업인 광교테크노밸리는 나노테크, 바이오테크 기업들을 주로 유치하기 위해 계획되었습니다. 따라서 규모는 그리 크지 않지만 BT(Bio Technology), NT(Nano Technology) 기업들이 몰리는 형국입니다.

2014년 12월 조성 이후 지난 9년간 입주한 바이오기업은 200곳에 달한다고 합니다. 국내 최대 식품바이오융합연구소인 CJ제일제당의 통합연구소, 삼성종합기술원(SAIT) 등도 광교에 자리를 잡았습니다. 그 외에도 코오롱제약, 유유제약, 신라젠 등도 광교에 있습니다. 광교의 장점은 바이오 업종을 위한 인프라와 함께 지원기관들도 모여 있다는 점입니다. 성균관대학교, 아주대학교, 경기대학교 등 대학이 가깝고 아주대병원과 가톨릭대 성빈센트병원 등 대학병원들도 인근에 위치하고 있어 바이오 기업들과의 협업에 유리합니다. 차세대융합기술연구원, 경기도경제과학진흥원 등 공공기관의 행정적 편의도 함께할 수 있다는 장점이 있습니다. 물론 기업 간 시너지효과는 덤입니다.

판교테크노밸리의 임대료가 올라가면서 입주 환경이나 서울 접근성도 뒤지지 않는데 임대료까지 비교적 저렴한 광교가 주목을 받고 있습니다. 실제로 2020년 이후 판교에서 이전해온 기업들도 많다고 합니다. 경기도도 본격적으로 광교에 바이오단지를 구축하기 위한 부지 확보에 나섰습니다. 17년째 유휴부지로 남아 있는 25,000㎡ 규모의 '황우석 장기바이오센터' 부지를 개발하겠다는 구상을 하는 중입니다.

광교에서 가장 비싼 아파트는 광교중흥S클래스입니다. 이 아파트는 2019년 입주한 2,231세대의 대단지로 35평이 2021년 7월 무려 18억 원에 거래되었습니다. 21억 원을 기록한 판교의 최고가 아파트(백현2단지 휴먼시아)보다는 낮은 가격이지만 여타 경기도 아파트의 최고가를 훌쩍 뛰어넘는 수준입니다. 민간과 공공의 직주근접이 혼합된 미래 광교신도시가 기대됩니다.

왜 송도 아파트가
많이 오를까요?

2021년 들어 인천시의 아파트 매매 가격 상승세는 무서울 정도였습니다. 수도권이 전반적으로 다 오르는 중이었지만 인천시의 상승률은 여타 시도를 압도했습니다. 왜 이렇게 오를까요? 그리고 언제까지 오를 수 있을까요?

KB국민은행에 따르면 문재인정부 집권 이후(2017년 5월~2021년 5월) 인천시의 아파트 매매 가격은 21.58% 올랐습니다. 서울 상승률(47.92%)의 절반도 안 되는 수준이며, 전국 평균(23.04%)보다 낮은 상승률입니다. 우리나라 제3의 도시(인구 기준)이자 서울과 가깝다는 커다란 장점을 보유한 인구 300만 명의 광역시로서는 초라한 성적표입니다.

하지만 2021년 아파트 매매 가격 상승률은 완전히 달라졌습니다. 2021년 1년 간의 아파트 매매 가격 상승률은 32.93%입니다. 지난 4년 동안의 상승률을 훌쩍 넘어섰습니다. 송도가 포진한 연수구는 더 놀랍습니다. 2021년 상승률이 무려 45.94%입니다. 수도권에서는 장기간 부동산 시장이 침체되었던 오산시(49.3%)와 호재가 풍부한 시흥시(43.1%)를 제외하면 적수가 없습니다.

인천의 상승세는 교통 인프라 개선을 비롯한 다양한 호재에 크게 기인합니다. 하지만 더 중요한 사실은 그동안 너무 오르지 않아 서울은 차치하고라도 여타 광역시와의 가격 차이가 너무 많이 벌어졌기 때문입니다.

주택 가격은 주거선호지역과 그렇지 않은 지역 간에 가격 차이가 좁혀졌다 넓혀졌다 하는 변동성을 가집니다. 지역 간 갭(가격 차이)이 많이 벌어지면 다시 좁히려는 움직임이 일어나고, 너무 좁혀지면 벌리려는 움직임도 나타납니다. 주거선호지역이 먼저 가격 차이를 벌리기도 하지만, 그렇지 않은 지역이 호재로 인해 먼저 상승하기도 합니다. 따라서 이 가격 차이를 잘 살피면 언제 투자하는 것이 좋고 언제까지 상승할지 등을 예측할 수 있습니다.

KB국민은행의 통계가 집계되기 시작한 2011년 6월 인천의 아파트 평균 매매 가격은 광역시 중 유일하게 2억 원(2억 1,091만 원)이 넘었습니다. 당시 부산과 대구의 가격은 각각 1억 9,473만 원과 1억 5,354만 원에 불과했습니다. 안타깝게도 2021년 5월 현재 인천의 아파트 평균 매매 가격은 3억 5,067만 원으로 올랐으나 부산과 대구는 각각 3억 7,478만 원과 3억 8,286만 원이 되어 이제는 역전되는 상황을 맞게 됩니다.

2011년 6월 인천을 기준으로 하면 부산과 대구의 평균 매매 가격은 각각 92%, 73% 수준에 그쳤습니다. 하지만 2021년 5월 기준 부산과 대구는 인천을 뛰어넘어 107%, 109% 수준에 이르고 있습니다. 지난 10년간

1.66배 오르는 데 그친 인천으로서는 안타까운 일이지만 대구의 경우 무려 2.5배나 평균 매매 가격이 올랐으며, 부산도 1.9배 올랐습니다. 이런 상승률의 차이가 현재의 가격 차이를 만들어놓은 것입니다.

〈도시별 평균 아파트 매매 가격 비교〉 (단위 : 만 원)

지역별	서울	부산	대구	인천
2011년 6월	5억 4,559(2.59배)	1억 9,473(0.92배)	1억 5,354(0.73배)	2억 1,091(1배)
2021년 5월	11억 2,375(3.2배)	3억 7,478(1.07배)	3억 8,286(1.09배)	3억 5,067(1배)
2023년10월	12억 6,629(2.8배)	4억 5,418(1.00배)	3억 8,396(0.85배)	4억 5,250(1배)

출처 : KB국민은행

지역 최고가 아파트의 가격 차이도 심각합니다. 30평대(전용면적 85㎡)로 한정해서 살펴보면 실거래가 기준으로 인천의 최고가 아파트는 2015년 입주한 송도센트럴파크푸르지오로 11억 5,000만 원입니다. 반면 대구는 경남타운(17억 7,500만 원), 부산은 경남마리나(17억 원)가 이미 17억 원을 넘었습니다. 인천 거주자분들은 상대적인 박탈감이 크시겠지만 엄연한 현실입니다.

그럼 앞으로도 이런 상태가 유지될까요? 아닙니다. 이 격차는 좁혀질 가능성이 큽니다. 2011년 수준으로 돌아갈지 아닐지는 정확히 알 수가 없지만 격차는 분명히 줄어들 것입니다. 현재 인천 아파트의 매매 가격 상승률이 높은 것은 이런 움직임이 시작되었다는 긍정적인 신호라고 보여집니다.

현재는 어떨까요? 2023년 10월 기준 인천의 평균 아파트 매매 가격은

4억 5,000만 원입니다. 부산(4억 5,400만 원)보다는 살짝 낮지만 최근 부동산 경기 침체를 겪고 있는 대구(3억 8,400만 원)보다는 높습니다. 인천이 대구를 추월한 것은 2021년 9월(4억 1,400만 원 vs 3억 9,700만 원)로 극히 최근의 일입니다. 긍정적인 결과이지만 앞으로 갈 길은 먼 것 같습니다.

특히 인천은 송도국제도시에 주목해야 합니다. 우리나라 최초의 국제도시로서 첫 도시계획은 1980년대 초 기획된 것으로 알고 있습니다. 총 11개 공구로 나눠 개발 중이며 현재 1~7공구는 개발이 거의 완료되었고, 11공구는 매립 마무리 작업 중입니다. 송도는 국내 최대의 바이오 산업단지를 포함해 대기업들이 입주 또는 입주 예정입니다. 대표적으로 삼성바이오로직스, SK바이오사이언스, 센트리온, 롯데바이오(예정) 등 바이오 클러스터로 자리 잡고 있습니다. 포스코는 터줏대감이며, 최초의 국제도시답게 국제기구 및 국제교육기관이 자리 잡고 있습니다.

실제로 인천의 외지인 매입 비중도 늘고 있습니다. 외지인 중 상당수는 서울 지역의 매수자들인데 서울 집값이 감당할 수 없을 정도로 오르면서 서울 외곽으로 눈을 돌린 이들이 많아졌고, 그들의 선택지 중 한 곳이 인천인 것으로도 해석할 수 있습니다.

인천의 아파트 매매 가격이 언제까지 그리고 얼마까지 상승할 것인지는 부산과 대구의 아파트 가격과의 차이를 보면 해답을 찾으실 수 있을 것입니다.

〈인천경제자유구역 전경〉

출처 : 인천경제자유구역청 홈페이지

세종시, 공공의 직주근접에서 민간의 직주근접으로

세종시는 대한민국 특별자치시입니다. 2012년 7월 설치되었으며 정부 부처가 대부분 입주한 정부세종청사가 있는 대한민국 행정 중심지입니다. 세종시는 면적의 93%가 예전 충청남도 연기군 지역이었고, 높은 산은 없고 평평한 지형으로 '금강'과 '미호천'이 흐릅니다. 사실 서울은 다른 국가들의 수도와 비교한다면 특이합니다. 높은 산이 많기 때문입니다. 특히 조선시대 궁전이 위치한 곳마저도 다수의 산으로 둘러싸인 곳이라 외적의 침입을 알아차리기 힘듭니다. 해외의 수도가 대부분 평지인 점을 고려한다면 산으로 둘러싸인 서울은 예외적입니다.

세종시와 행복도시를 헷갈려 하시는 분들이 많은데, 행복도시는 세종시에 있다고 생각하시면 됩니다. 계획인구는 80만 명이나 현재 38만 명 정도의 인구가 있습니다. 국내 인구 감소를 고려한다면 80만 명까지 달성하기는 어렵지 않을까 추정됩니다. 송도가 공구로 나누어져 있듯 세종시는 생활권으로 구분됩니다. 1생활권에서 6생활권 그리고 S생활권(녹지공간)으로 구분되는데 1~4생활권은 거의 완성되었는데 5, 6생활권은 여전히 개발 중입니다.

1생활권은 중앙행정을 담당하고, 2생활권은 문화국제교류를 담당합니다. 2생활권에는 백화점과 이마트가 있으며 학원가와 상권이 잘 형성되어 있습니다. 3생활권은 세종시의 행정을 담당하고 있고, 코스트코와 터미널이 있습니다. 4생활권은 대학연구기능을 합니다.

세종시는 신도시이면서 공공의 일자리가 많은 직주근접의 도시입니다. 젊은 인구가 많아 출산율(1.12명)이 전국에서 가장 높습니다. 가장 높은 곳이 1.12명이라는 결과가 슬프기도 하지만 서울의 출산율인 0.59명의 2배 수준입니다.

〈숫자로 보는 세종〉

총인구	세대수	평균 연령	종사자 수*	주택보급률
388,927명	159,386세대	38.1세	152,974명	107.5%

출처 : 세종특별시 홈페이지, 통계청. 2022년 말 기준(*2021년 말)

녹지율은 52%로 전국 1위의 쾌적한 도시입니다. 최근 중앙공원을 국가정원으로 지정하기 위해 노력 중입니다. 국립세종수목원, 금강수목원, 세종호수공원 등 일일이 세기도 힘들 정도로 녹지 공간이 많습니다. 아직 생활인프라가 더 갖춰져야지 썰렁한 느낌이 줄어들 것입니다. '역외 소비율 1위 도시'라는 오명도 바뀌어야 하겠습니다.

안타까운 점은 계획 당시 수도권발 인구 유입을 원했으나 충청권, 특히 대전권발 인구 이동이 커 우려하는 분들이 많습니다. 2023년 기준 세종시민의 70% 가까이가 충청권에서 전입을 왔습니다.

세종시는 정부기관이나 국책기관이 많은 공공의 직주근접으로서의 수요가 대부분입니다. 하지만 6-1생활권이 산업단지로 지정되었으며, 4-2생활권에 기업연구소, 첨단기업 유치가 기본계획이라 민간 차원의 직주근접도 가능할 것으로 예상됩니다. 실제로 한화에너지 본사가 1생활권의 어진동으로 이전했으며, 네이버 데이터센터도 입주 계약을 체결한 것으로 파악됩니다.

세종시의 대장 아파트를 30평대 최고가를 기준으로 파악해봤습니다. 새뜸10단지 더샵힐스테이트가 12억 원, 호려울3단지 신동아파밀리에가 11억 5,500만 원, 새뜸11단지 더샵힐스테이트가 11억 4,500만 원으로 상위를 형성하고 있습니다. 최고가 상위 10개 아파트를 살펴보면 새롬동이 5건, 나성동과 다정동이 각각 2건, 보람동이 1건입니다. 따라서 2생활권의 아파트 가격이 가장 높은 것으로 판단할 수 있습니다.

새롬동은 새뜸마을이라고 하는데 아파트 층수가 높지 않고 학원가와 상권이 잘 형성되어 애들 키우기에 가장 좋은 곳이라는 의견이 많습니다. 아파트 가격이 가장 빠르게 회복한 세종시가 전국 주택 시장의 바로미터 역할을 할 것으로 기대됩니다.

서울 아파트는 가장 좋은
안전 자산입니다

글로벌 경제 여건이 악화되면서 안전 자산에 대한 선호 현상이 커지고 있습니다. 주식이나 회사채 같은 위험 자산보다 채무 불이행 위험이 없는 무위험 자산으로 시중 자금이 몰리고 있습니다. 국고채가 대표적인데 이로 인해 국고채 금리는 하락 중입니다. 투자의 세계에서 무위험 자산을 찾을 수는 없습니다. 투자를 하면서 위험을 감수하지 않는다면 수익 또한 얻을 수 없기 때문입니다. 그나마 위험이 낮은 자산을 찾아야 하는데, 대표적으로 미국 달러, 금, 국고채 등을 들 수 있습니다.

가만히 있으면 벼락거지로 전락할 수 있는 시기에 안전한 투자 자산을 찾기 위해서는 어떤 조건을 충족해야 할까요? 2가지를 우선적으로 보는 것이 맞다고 생각합니다. 첫 번째는 변동성입니다. 상승과 하락 등 특정의 방향성이 아닌 변동성 즉 진폭을 의미합니다. 변동성이 큰 상품은 오를 때는 정말 행복하겠지만 내릴 때는 세상이 멸망한 것과 같은 고통을 느낄

수 있습니다. 장기 투자를 고려하는 분들이라면 이렇게 변동성이 큰 상품을 선택하는 것은 건강상에도 해롭습니다.

〈투자 자산의 기간별 비교〉

항목	2021년 11월	2022년 1월 초	2022년 12월 말
서울 아파트 평균 매매 가격	12억 3,729만 원	12억 5,969만 원	12억 7,992만 원
코스피지수	3,013.25	2,988.77	2,411.26
비트코인	67,527.9$	47,738.0$	20,287.4$

출처 : KB국민은행, investing.com

대표적인 투자 상품의 연초 대비 변동성을 살펴봤습니다. 코스피지수는 무려 500포인트 이상 하락했고, 가상화폐의 대표 자산인 비트코인은 반 토막이 났습니다. 하지만 KB국민은행에서 발표하는 서울 아파트의 평균 매매 가격은 오히려 올랐습니다. 하지만 불과 2년 전인 2021년 11월로 돌아가면 정반대의 상황을 확인할 수 있습니다. 서울 아파트의 평균 매매 가격은 큰 변동이 없지만, 코스피지수와 특히 비트코인의 경우 널뛰기라고 이야기할 정도로 자산 가치의 변동 폭이 큽니다. 단 8개월 사이 자산 가치가 30%대로 줄어들었습니다. 그나마 비트코인은 양호한 수준입니다. 여타 가상화폐는 훨씬 더 심각한 상황으로 알고 있습니다.

변동성이 크다는 것은 장점도 있습니다. 오를 때는 많이 오르기 때문입니다. 하지만 투자 규모가 커지면 커질수록 안전한 자산을 선호하게 됩니다. 이건 경제 여건과 큰 관련이 없습니다. 자신이 보유한 자산의 대부분을 가상화폐와 같은 변동성이 극심한 상품에 투자하는 것은 위험합니다.

잘되면 좋지만 지금과 같이 하락기에는 전 재산을 날릴 수 있습니다. 따라서 투자 규모가 커지면 안전한 자산이 무엇인지에 대한 고민이 시작됩니다.

두 번째는 인플레이션 방어 수단으로서의 기능입니다. 현재 경제 상황이 인플레이션이냐 스태그플레이션이냐에 대한 논란은 있지만, 기본적으로 인플레이션 상황인 것은 맞습니다. 여기에 경기 침체를 더하느냐 아니냐의 차이겠지요. 인플레이션 상황에서는 유망한 투자 자산은 금, 미국 달러, 원자재 등을 들 수 있습니다. 대부분 안전 자산이라고 일컫는 상품들인데 물가 상승기에는 금, 미국 달러, 원자재 등의 자산을 활용해 변동성에 대응하는 것을 고려해볼 필요가 있습니다. 경제의 흐름을 관찰하면서 자신이 가진 포트폴리오의 비중을 조절해야 합니다.

달러를 제외하면 금과 원자재는 실물 자산입니다. 통상적으로 금은 대표적인 것으로 알려져 있습니다. 물가 상승으로 화폐 가치가 하락해도 금값은 유지 또는 상승한다는 인식 때문입니다. 실제로 골드만삭스(Goldman Sachs)의 투자 전망에 의하면 3개월, 1년 뒤 온스당 금 목표 가격은 더 오를 것으로 전망했습니다. 물가가 상승하는 시기마다 실물 자산인 원자재의 가치는 올랐습니다. 다양한 원자재 중 주목할 필요가 있는 원자재가 따로 있기는 하지만 원자재는 전통적인 안전 자산으로 화폐 가치가 내려갈 때 자산을 방어하는 역할을 수행해왔습니다.

이 두 가지 실물 자산이 가진 가장 중요한 특징은 희소성입니다. 아무리 실물 자산이라고 하더라도 언제든지 늘릴 수 있는 자산은 물가 상승기에 안전 자산으로서의 역할을 수행하기 어렵습니다. 이런 측면에서 서울의 아파트는 대표적인 안전 자산이라고 볼 수 있습니다. 당분간 서울의 아파트를 늘릴 수 있는 방법이 없으며 실물 자산으로 경기 방어 효과 또한 우수하기 때문입니다. 심지어 서울의 아파트를 늘릴 수 있는 유일한 방법인 정비사업의 경우, 원자재와 인건비를 포함한 원가 상승으로 인해 사업성이 갈수록 악화되고 있습니다.

연준(미국중앙은행인 연방준비제도)과 한국은행을 비롯한 각국의 중앙은행을 믿고 싶습니다. 경기 연착륙과 물가 안정을 기대하는 것은 투자자들의 바람입니다. 증시 하락이 계속되지 않고 반복적으로 반등의 움직임이 있는 것도 이런 기대를 반영한다고 보여집니다. 하지만 투자 자산에 대한 보수적인 입장과 장기 자산 배분의 변경이 필요한 시점이라는 의견도 많습니다. 희소성 인플레이션(Scarcity Inflation) 시대에 어떤 자산으로 미래를 대비할지의 판단은 오롯이 투자자들의 몫입니다.

서울, 거주인구는 줄었지만
생활인구는 늘고 있습니다

    행정안전부 주민등록 인구 및 세대 현황에 따르면 2023년 10월 서울에 적을 두고 있는 인구는 940만 명이 조금 넘습니다. 2021년 5월 950만 명이 무너진 이후 불과 2년이 넘는 기간에 다시 10만 명이 줄었습니다. 2016년 5월 처음으로 서울 인구 1,000만 명이 깨진 이후로는 7년 만입니다. 매년 평균 8만 명이 넘는 인구가 줄어들었으니 심각한 문제입니다. 김포 규모의 도시가 6년 만에 없어진 것입니다. 오랫동안 서울에 거주하다가 경기도나 인천 등 서울 인근으로 거주지를 옮긴 분들은 서울의 집값 문제, 취업난 때문에 서울 거주를 포기했다고 합니다. 서울에는 일자리가 타 지역에 비해 많지만 경쟁이 너무 심한 점도 문제입니다. 서울의 집값이 높은 것도 큰 요인이지만 종합부동산세 등 보유세 부담도 탈 서울의 한 요인이라고 합니다.

    부동산 시장의 가장 중요한 수요 요인인 인구가 준다면 서울 부동산 시장의 경쟁력도 줄어들지 않을까요? 일견 인구가 줄면 부동산 수요가 줄어들고 늘어나는 공급을 감당할 수 없게 될 수도 있습니다. 최근 서울의 미분양이 늘어나면서 이런 의견을 이야기하는 부동산 전문가들도 꽤 됩니다. 지방 부동산 시장에서 이미 겪었던 현상이다 보니 이를 서울에도 적용하는 걸로 보입니다.

통계청의 주민등록 인구통계에 의하면 2022년 서울의 인구는 3만 5,000명이 넘게 줄었습니다. 하지만 서울로 전입한 인구 또한 무려 120만 명이 넘습니다. 떠나는 인구도 많지만 들어오는 인구도 적지 않습니다. 물론 그 차이로 인해 인구는 줄어들었지만 어떻게든 서울로 진입하려는 인구가 120만 명 이상이나 된다는 점을 명심하는 것이 좋습니다. 떠나는 분들은 안타깝지만 이렇게 많은 분들이 서울 입성에 성공했다는 사실이 더 큰 의미가 있다는 말입니다. 전입인구를 연령별로 살펴보면 더 큰 의미가 있습니다. 15~34세의 서울 내 거주인구는 증가했지만, 35~54세의 인구는 줄었습니다. 서울은 지방과는 정반대로 젊은 인구는 계속 유입되지만 나이 든 인구는 떠나고 있습니다. 이런 추이가 계속된다면 미래 서울은 젊은 인구로 탈바꿈할 것이며 지방은 고령화로 몸살을 앓을 것으로 보여집니다.

⟨2022년 수도권 인구 이동 현황⟩ (단위 : 명)

행정구역	총전입	총전출	순 이동
서울	1,201,527	1,236,867	−35,340
경기도	395,140	367,039	28,101
인천	1,645,990	1,602,108	43,882

출처 : 통계청

서울에서 이동한 인구들이 가장 많이 정착하는 곳은 경기도입니다. 작년 경기도로 순 전입한 인구는 무려 4만 3,000명이 넘습니다. 하지만 이들이 경기도에 삶의 터전을 마련한 것은 아니고 다시 서울로 출퇴근하는 등 생활 기반은 여전히 서울에 있습니다. 서울에 거주하는 인구가 줄어든 것이지 서울에서 생활하는 인구가 줄어든 것은 아닙니다. 서울열린데이터 광장(data.seoul.go.kr)에 의하면 2023년 11월을 기준으로 서울의 생활인구는 1,055만 명입니다. 서울의 생활인구란 서울시와 KT가 공공빅데이터와 통신데이터를 이용해 추계한 서울의 특정 지역, 특정 시점에 존재하는 모든 인구를 말합니다. 주간(9~18시) 생활인구는 야간 생활인구보다 훨씬 많습니다. 생활 터전이 서울인 분들이 주민등록상의 서울 인구보다 월등히 많다는 말입니다. 역설적이게도 더 많은 사람들이 서울을 떠나지만 더 많은 생활인구가 서울을 터전으로 삼고 있습니다.

서울의 인구가 줄고 있다고 도시의 미래를 어둡게 보는 분들은 서울의 경쟁력을 잘못 판단하고 있는 것입니다. 인구수는 특정 지역의 부동산 시장을 판단하는 중요한 변수이기는 하지만 부동산 수요를 구성하는 하나의 요소일 따름입니다. 부동산 수요를 파악하기 위해서는 인구수와 같은 양적인 변수와 함께 소득, 범위, 연령 등 다양한 질적인 변수들을 함께 살펴야 합니다. 소득 수준이 높은 지역은 인구수가 적더라도 상대적으로 부동산 수요는 더 많을 수 있습니다. 주택 수요자들이 선호하는 상품은 대부분 신축 아파트입니다. 기존의 아파트보다 가격이 높은 신축 아파트를 매입할 수 있는 소득 수준이 높은 주택 수요자들이 필요합니다.

외부에서 유입되는 인구와 함께 그 지역에 생활 터전을 가지고 있는 생활인구도 의미가 큽니다. 이들도 여건만 되면 서울로 다시 진입하려는 서울 주택의 주된 수요층이기 때문입니다. 이렇게 '인구의 범위'가 중요한 것은 일자리가 있는 곳에 집이 있어야 한다는 '직주근접'이 부동산 시장의 가장 중요한 격언이기 때문입니다.

주택 매입은 2030세대가 주도합니다. '영끌('영혼까지 끌어 모은다'의 줄임말로 여기에서는 최대한 대출을 받아 주택을 구입한다는 의미)'이란 말은 기성세대의 시각에서 바라본 주택 수요자들에 대한 평가일 따름입니다. 젊은 연령층이 많은 지역은 주택 시장이 긍정적일 수밖에 없습니다. 따라서 인구의 연령대도 부동산 시장에서는 아주 중요한 변수입니다. 주택 수요자들이 서울의 인구가 줄어든다고 마음 놓고 있으면 안 되는 이유는 이런 다양한 변수가 부동산 수요를 구성하기 때문입니다.

서울 아파트의
요새(Gated)화

서울은 아파트가 가장 적은 도시 중 하나입니다. 통계청에 의하면 제주와 전남, 그리고 경북을 제외하면 서울의 아파트 비중(42.2%)이 전국에서 제일 낮습니다. 2019년 현재 기준으로 본다면 경북(40.4%)이나 전남(38.5%)과도 큰 차이가 없어 몇 년 내로 서울은 아파트가 가장 적은 도시 2위로 올라설 것입니다. 1위는 제주(25.4%)인데 난공불락입니다. 물론 결이 다른 도시이기 때문에 여타 광역자치단체와 단순 비교하는 건 무리입니다.

서울은 단독주택과 다세대주택의 비중(46.3%)이 아파트를 훌쩍 넘어섭니다. 안타까운 점은 서울의 아파트 비중이 계속 줄어들 가능성이 높다는 것입니다. 정부의 규제로 재건축·재개발 사업이 진행되지 않으니 아파트가 늘어나기 어렵습니다. 2023년 들어 9월까지 서울의 아파트 착공 실적은 전년 대비로는 72.2%, 5년 평균과 비교하면 65.9%나 줄었습니다.

구분	2023년		2022년		전년 대비 증감		5년 대비 증감		10년 대비 증감	
	9월	1~9월	9월	1~9월	9월	1~9월	9월	1~9월	9월	1~9월
수도권	2,499	46,927	15,502	112,314	△83.9	△58.2	△81.5	△63.0	△81.6	△59.7
서울	106	10,560	4,133	38,035	△97.4	△72.2	△96.0	△65.9	△96.3	△58.9

출처 : 국토교통부

서울 아파트는 게이티드 커뮤니티로

게이티드 커뮤니티(Gated Community)는 자동차와 보행자의 유입을 엄격히 제한하고 보안성을 향상시킨 주거지역을 말합니다. 게이트 및 울타리를 마련하고 있으며, 경비원을 고용하고 있는 곳도 있습니다. 하나의 주거 단지에도 사용되는 개념이지만 지역으로 넓게 적용하기도 합니다. 서울의 아파트는 물리적으로도 이미 게이티드 커뮤니티이지만 이제는 경제적, 심리적인 요새화로 진화할 것입니다. 겹겹이 쌓여가는 정부의 규제 때문입니다.

일단 대출이 불가능합니다. 2014년 이후 70%였던 LTV 상한선이 2017년 8.2부동산 대책으로 40%로 확 낮아졌습니다. 2019년에는 시가 9억 원 초과분에 대한 LTV 상한이 20%까지 줄었습니다. KB국민은행에 의하면 2023년 10월 기준 서울 아파트의 평균 매매 가격은 12억 6,000만 원입니다. 평균 매매 가격을 고려하면 서울에서 대출을 받아 집을 사는 것은 이제 거의 불가능해졌습니다. 국제통화기금(IMF)과 글로벌 신용평가사 피치(Fitch Ratings)에 따르면 미국(80%), 스웨덴(85%), 네덜란드(100%), 홍콩

(80~90%), 싱가포르(1주택자 75%, 2주택자 45%) 등 집값이 높기로 유명한 선진국들도 LTV 상한이 80%가 넘습니다. 대부분의 선진국 부동산 시장이 호황임에도 불구하고 우리만 LTV가 40% 수준입니다. 집을 구입하라고 담보대출이 존재하는 것이 아니라 집을 구입하지 말라고 대출을 규제하는 중입니다.

슈퍼블록에 단독주택·다세대주택이 많아져

아파트의 공급이 급격히 감소하기 때문에 사회 초년생을 위한 혜택도 사실 큰 의미가 없습니다. 공급물량이 늘어나야 이들에 대한 혜택도 의미가 있지 공급 자체가 없는데 혜택을 더 많이 준다고 한들 내 것이 아닌 건 마찬가지입니다. 서울은 다세대주택·다가구주택의 주택지가 아파트단지 주택지에 비해 비중이 더욱 높다 보니 이런 주택지들의 주거환경은 갈수록 나빠지고 있습니다. 서울연구원에 의하면 서울에는 364곳의 슈퍼블록 주택지가 있는데 다세대주택·다가구주택 주택지가 45%로 아파트단지(39%)보다 훨씬 많습니다. 당연히 다세대주택·다가구주택 중심의 슈퍼블록일수록 주차 공간과 녹지 등이 부족해 주거환경의 질이 더욱 낮아집니다. 주택 수요자들은 여건만 된다면 아파트단지 주택지로 이동하려고 합니다.

슈퍼블록 주택지 유형	인구밀도	건폐율	용적률	평균 녹지율
다세대주택·다가구주택 주택지	436인/ha	53.6%	221.5%	3.4%
아파트단지 주택지	603인/ha	19.9%	256.4%	35.8%

출처 : 서울연구원

아파트단지는 노후화되더라도 생활 여건은 큰 변화가 없으나, 다세대주택·다가구주택 주택지는 단독주택들이 계속 신축 과정을 거치면서 인구밀도는 아파트단지와 큰 차이가 없이 높지만 기반시설 개선은 거의 이루어지지 않습니다. 따라서 다세대주택·다가구주택 주택지 거주자들 또한 아파트단지로 이동하고 싶어합니다. 서울은 결혼에 이르는 4만 8,000세대의 신규 수요만이 아니라 57%가 넘는 비(非)아파트 거주자들 또한 의미 있는 대체 수요가 될 수 있습니다. 물론 지방과 해외 수요까지를 포함하면 그 수요는 헤아리기조차 힘듭니다.

정부가 공포 마케팅의 주체

주택 수요자들의 서울 아파트에 대한 짝사랑이 엄청남에도 불구하고 서울 아파트는 공급도 되지 않으며 대출도 불가능해져 신규로 구입하기는 하늘의 별따기입니다. 최근 30대의 서울 아파트 매입 비중이 급격히 늘어난 것은 이런 이유가 큽니다. 지금이 마지막이고 더 이상의 기회가 없을 것이라는 우려 때문입니다. 마케팅의 가장 강력한 수단은 공포 마케팅입니다. '결핍'과 '불안', 이 두 가지가 공포 마케팅의 가장 중요한 수단인데 현재 서울 아파트를 바라보는 주택 수요자들은 이 두 가지를 모두 가지고 있습니다. 집이 없으니 사고 싶고, 살 수가 없으니 불안한 것입니다. 의도 했든 아니든 서울 아파트를 요새화한 공포 마케팅의 주체가 문재인정부 라는 사실이 안타깝기만 합니다.

일본에서도
계속 오르는 부동산

일본은 우리의 반면교사(反面教師)입니다. 잃어버린 30년, 일본을 이야기할 때 빠지지 않는 표현입니다. 1990년대 버블이 붕괴되면서 부동산 시장은 급격히 추락했습니다. 거의 30년 전 이야기지만 아직도 1990년의 지가 수준을 회복하지 못한 지역이 수두룩합니다. 버블의 상흔이 그만큼 깊었다는 말입니다. 일본 부동산 시장에 대한 우리들의 관심은 2010년대 초에 가장 많았습니다. 부정적인 관심이었습니다. 곧 우리도 일본처럼 버블이 꺼져 부동산 시장이 침체될지도 모른다는 우려였습니다. 하지만 2015년부터 본격적으로 국내 아파트 가격이 상승하자 부정적인 인식이 지배하던 일본의 부동산 시장에 대한 관심은 급격히 사그라졌습니다. 이처럼 일본 부동산 시장은 국내 부동산 경기 변화로 일희일비(一喜一悲)할 만큼 관심이 떨어진 것이 사실입니다.

일본 부동산 시장이 과거 1992년 고점 이후 80%에 가까운 기록적인 하락을 했다는 인식이 강한 나머지, 최근의 일본 부동산 시장에 대해서는 많이 알려져 있지 않습니다. 하지만 최근 일본 도쿄의 경우 도심을 중심으로 가격이 회복되는 양상이 강합니다. 일본에서도 떨어지지 않고 오르는 부동산들이 있는데, 주거용 상품을 중심으로 살펴봤습니다.

도심의 맨션

일본부동산경제연구소에 의하면 매매가 1억 엔(약 10억 원)이 넘는 '오쿠션(억+맨션)'들이 쏟아지고 있다고 하는데, 현재 이 비율은 10%에 육박하고 있다고 합니다. 하지만 이는 평균 가격이고 도쿄 중심의 미나토구에 위치한 한 맨션의 경우 무려 15억 엔(약 150억 원)의 가격도 있다고 합니다. 상업용 부동산도 마찬가지입니다. 서울 도심의 공실률이 9.8%(2분기)인데 반해 도쿄 도심의 공실률은 1.64%에 불과합니다.

일본 도심의 맨션들이 이렇게 가격이 많이 오르는 것은 인구 유입에 기인합니다. 1995년 이후 20년 동안 도쿄도의 전체 인구는 14.8%, 도쿄특별구인 23구는 16.4%, 도쿄 도심 3구의 인구는 거의 2배로 폭증했다고 합니다. 주오구가 120.9%, 치요다구와 미나토구는 67.9% 증가했습니다.

반면 일본 도쿄에서 지하철로 1시간 30분이 넘는 거리의 지바현 북서쪽에 위치한 마쓰도시에 있는 전용면적 50㎡의 한 구축 아파트는 '190만 엔(약 1,900만 원)'에 매물로 나왔지만 팔리지 않고 있다고 합니다. 이 아파트는 버블시대인 1990년대에는 2,800만 엔(약 2억 8,000만 원)이었는데 계속 하락해 현재 100만 엔(1,000만 원)대까지 떨어졌다고 합니다. 중고차와 같은 가격 수준입니다. 부동산 전문가들이 인(In)서울, 인서울 하는 이유를 일본의 사례를 참조해 심각하게 받아들여야 할 것입니다.

〈도쿄도 인구 증가율 추이〉 (단위 : %)

지역별	1995년	2000년	2005년	2010년	2015년	1995년 대비
도쿄도	−0.7	2.5	4.2	4.6	2.7	14.8
특별구 23구	−2.4	2.1	4.4	5.4	3.7	16.4
치요다구	−11.9	3.6	15.9	12.8	24.0	67.9
주오구	−6.1	13.5	35.7	24.8	15.0	120.9
미나토구	−8.6	10.0	16.6	10.4	18.6	67.9

출처 : 일본 정부통계 총합창구(e-Stat)

콤팩트맨션

일본의 콤팩트맨션(Compact Mansion)은 전용면적 30~50㎡의 아파트로 현재 가장 핫(Hot)한 부동산 상품입니다. 일본을 따라가는 우리나라 또한 주목해야 하는 상품인데, 전용 10평형대의 아파트로 방은 하나나 두 개에 화장실 한 개가 있는 내부구조(Unit)가 일반적입니다. 콤팩트맨션의 인기는 인구 구조, 즉 주택 수요와 밀접하게 관련 있습니다. 1인 가구 중심으로 주택 수요가 재편되면서 초소형 아파트를 찾는 세대가 늘었기 때문입니다.

분양가는 5,000만 엔(약 5억 원)대, 역에서 5분, 한 동에 100세대 미만이라는 공식으로 많이 지어졌습니다. 2010년 중반부터 수도권 공급물량의 20%에 가깝게 공급되고 있다고 합니다. 젊은 세대만이 아닙니다. 도심 외곽의 공기 좋은 곳으로 나갔던 은퇴 계층들도 다시 도심 회귀를 하면서 가장 많이 찾는 상품으로 부상하고 있습니다.

역세권 타워맨션

타워맨션은 초고층으로 이루어진 건물로 주로 도심에 위치해 있습니다. 긴자와 신주쿠 등 도쿄의 핵심 지역의 신축 타워맨션은 부르는 게 값입니다. 주택 수요가 풍부하고 편리함을 찾는 밀레니얼세대의 세태를 반영하면서 역세권 신축 타워맨션의 가격이 오르는 것입니다. 고령화에 따른 상속세 문제도 타워맨션의 인기를 높이는 요인이라고 합니다. 부동산 가치 측면에서 토지 지분이 적은 타워맨션은 저평가되어 있어 상속세를 적게 낸다고 합니다. 이에 반해 신축 맨션이기 때문에 대출은 더 많이 나오니 상속세를 더 줄일 수 있습니다. 고령화에 따른 세대 간 재테크입니다.

도쿄의 도심이 아니어도 도심과 잘 연결된 역세권 또한 인기가 있다고 합니다. 은퇴 계층과 자녀 세대가 '국이 식지 않을 정도'의 거리에서 모여 살면서 서로의 필요한 부분(자녀 돌봄, 의료시설 방문)을 채울 수 있기 때문입니다. 일본의 경우 우리의 LH와 유사한 UR도시기구(Urban Renaissance Agency)라는 공공기관에서는 부모와 자녀가 근처에 거주하면 임대료를 20%나 할인해줍니다. 우리보다 임대료(월세) 수준이 높은 일본의 상황을 고려하면 상당한 혜택이 아닐 수 없습니다.

강원도에서 배우는
부동산 투자의 실패학

평창 동계올림픽이 폐막되면서 강원도 부동산 시장도 함께 폐막된 듯합니다. 아직 올림픽으로 인한 여파가 진행 중인 지역에 대한 이야기는 조심스럽지만 실패학의 측면에서 접근하면 도움이 될 수 있습니다. 실패학에서 강조하는 것은 발생한 실패를 드러나게 만드는 것입니다. 실패의 속성은 감추는 것이고 이로 인해 계속된 실패를 반복하게 됩니다. 실패는 성공에 비해 상대적으로 2배나 고통스럽지만 현재의 상황에 대한 정확한 인식만이 강원도 부동산 시장을 다시 부활하게 만드는 지름길입니다. 실패학의 궁극적인 목적은 성공이기 때문입니다.

평창이 속한 강원도의 아파트 시장은 2017년 말까지만 해도 호황이었습니다. 한국감정원에 의하면 집값 상승률 상위 10개 지역에 속초(6.5%)와 강릉(6.4%), 동해(5.9%) 등 강원도 주요 해안 도시가 세 곳이나 포함되었습니다. 전체 집값 상승률 또한 전국 평균보다 높았습니다. 그러나 2018년 들어 이런 분위기는 완전히 바뀝니다. 속초(-1.77%), 동해(-0.75%)는 물론 춘천(-2.01%)까지 집값이 크게 떨어졌습니다.

동계올림픽 이후 강원 지역 부동산 시장의 민낯 드러나

평창 동계올림픽의 화려함이 저물자 강원 지역 부동산 시장의 민낯이 보이기 시작했습니다. 주민등록상 2023년 6월 기준 강원도의 인구는 153만 3,000명에 불과하기에 내부 수요는 한계가 많습니다. 2023년 들어서도 9월까지 882명의 인구가 강원도를 빠져나갔습니다. 2월에는 무려 764명이 빠져나갔습니다. 이러한 상황에서 최근 늘어난 분양물량을 흡수하기 위해서는 외지의 투자 수요를 끌어올 수밖에 없습니다. 강원도 아파트에 대한 외지인의 거래 비중은 20~40%대에 이릅니다. 전국 평균이 20% 내외이니 상당한 비중입니다. 평창과 양양은 외지인 거래 비중이 무려 50%가 넘어가기도 했습니다. 우려되는 점은 2017년 말을 기점으로 벌써 외지인 거래 비중은 감소하고 있다는 것입니다. 평창올림픽, 서울양양고속도로와 경강선 KTX 등 굵직한 교통인프라 구축 등의 호재가 끝나면서 남아 있는 개발 이슈는 없는 상태입니다.

〈강원도 인구 이동자 수〉 (단위 : 명)

시기	1월	2월	3월	4월	5월	6월	7월	8월	9월
인구	-516	-764	226	100	275	92	-94	1	-202

출처 : 한국감정원

업친 데 덮친 격으로 입주 물량마저 증가 중입니다. 지난 20년간 (2000~2019년) 강원도 아파트의 평균 입주 물량은 8,700세대였습니다. 문제는 2024년입니다. 1만 세대가 넘는 아파트가 입주하기 때문입니다. 2018년 1만 7,300세대, 2019년에는 1만 6,900세대 이후 가장 많은 물량입니다. 아파트만이 아닙니다. 오피스텔 입주도 만만치 않습니다. 분양할 때까지는 분양권에 머물던 권리가 입주 후에는 주택으로 자리 잡게 됩니다. 본격적으로 시장에 부담으로 작용할 가능성이 높습니다. 마이너스 프리미엄과 공실에 대한 걱정으로 잠을 설치게 될 것입니다.

분양형 호텔도 걱정거리입니다. 정확한 통계를 알 수 없지만 적지 않은 분양형 호텔이 강원도에서 분양한 것으로 알려졌습니다. 업계 추산으로는 대략 20~30% 정도의 물량이 미분양인 것으로 알려졌습니다. 호재가 끝났으니 팔리기는 더욱 힘들 듯합니다. 객실가동률이 떨어지는 지역은 사전에 약속받았던 수익률을 얻지 못할 가능성이 큽니다. 제주에서는 관련 소송이 여러 건 진행 중입니다. 이미 통계를 살펴보면 서울, 울산과 같은 대도시 호텔의 객실 점유율이 높고, 휴양지는 상대적으로 떨어집니다. 대부분이 휴양지인 강원도 호텔의 미래가 염려스럽습니다. 확정수익을 보장한 상품들도 다수 눈에 띄지만 이는 캐시백(Cash Back)이나 마찬가지입니다. 분양가를 높여 그것의 일정 금액을 나중에 돌려주는 것이니 큰 의미가 없습니다. 더욱이 보장 기간은 대부분 짧고, 보장 주체는 들어보지도 못한 호텔사업자들입니다. 장기적인 실효성은 없다고 봐야 합니다.

〈국내 호텔 등록 현황〉 (단위 : 개)

구분	2018년	2019년	2020년	2021년	2022년
개수	2,111	2,218	2,301	2,372	2,369

출처 : 한국호텔업협회

풍선효과에 편승한 상품에 특히 조심해야

강원도 부동산 시장은 실패학의 총결산이라고 보여집니다. 이를 통해 우리는 무엇을 배울 수 있을까요? 첫째, 수요가 부족한 지역의 호황은 위험하다는 점입니다. 약 154만 명에 그치는 강원도의 주택 수요는 여타 지역과 비교하면 매우 부족합니다. 특히 인구 유출이 계속되고 있어 외부 수요에 기댈 수밖에 없습니다. 과거의 사례를 참고하면 폭탄 돌리기의 최대 피해자는 강원도민이 될 것입니다. 외부 투자자들은 많은 정보와 자금력 등으로 매입과 매도의 시기를 비교적 정확하게 예측하기 때문입니다.

두 번째는 '공급 이기는 장사 없다'는 격언을 명심해야 합니다. 평균 입주 물량의 2배에 이르는 공급은 필히 부작용을 낳습니다. 더 큰 문제는 아파트 분양에 편승해 우후죽순으로 생겨난 오피스텔, 생활형 숙박시설 등 풍선효과의 사생아들입니다. 오피스텔은 도심의 역세권이 적당하며, 생활형 숙박시설과 같은 호텔 또한 비즈니스 수요를 확보할 수 있게 광역시를 벗어나는 지역은 위험합니다. 안타깝게도 강원도는 이 두 가지 조건을 모두 충족하지 못합니다.

세 번째는 거리는 시간의 변수이기도 하지만 인식의 변수이기도 하다는 점입니다. 즉, 교통 여건의 개선으로 강원도가 반나절 생활권에 접근했다고 할지라도 물리적인 거리를 극복하는 것은 또 다른 문제라는 의미입니다. 특히 우리나라 분들의 국내 여행 편도 이동 선호 시간이 2시간 내외인 점을 감안하면 항공 수요가 없는 강원도의 경우 불편하다는 인식을 지우기 힘듭니다. 경강선 KTX가 계속 존치할지는 의문이지만, 이로 인해 1일 여행이 가능하다면 호텔과 오피스텔은 오히려 필요가 없습니다. 역으로 교통 여건이 개선되지 않았을 때 숙박여행이 더 활성화될 수 있습니다. 빨대효과 등으로 이미 드러난 현상이지만 교통 여건의 개선은 양날의 검일 수밖에 없습니다.

물론 부정적인 영향만 있는 것은 아닙니다. 입주하는 물량의 대부분은 특정 지역(원주시, 춘천시)에 집중되어 있습니다. 이들을 제외하면 입주 물량의 걱정은 크게 없습니다. 그렇다면 지금은 강원도의 휴양 지역들이 너무 분위기에 휩쓸려 어려움을 겪는다고도 볼 수 있습니다. 입주 물량이 많지 않은 지역이라면 실수요자들은 가격 조정의 정도를 살피고 매수하는 것 또한 나쁘지 않은 대안입니다.

3장.

잘못된 정책

공급 부족이 아니라
필요한 주택이 부족한 것입니다

    서울 아파트 공급이 급격히 줄고 있습니다. 입주 물량 감소는 어제 오늘의 일은 아니지만 신규 물량이 1만 세대 미만으로 떨어지는 2024년은 심각합니다. 서울의 아파트 입주 물량의 대부분은 재건축·재개발 사업으로 공급되는 것입니다. 그런데 이런 정비사업으로 공급되는 아파트의 상당수는 주인(조합원) 있는 집을 다시 공급(조합원 분양)하는 것으로 신규 공급량(일반 분양분)은 30% 내외에 그칩니다. 더욱이 신혼희망타운과 행복주택을 제외하면 서울의 아파트 입주 물량은 더 크게 줄어듭니다. 부동산지인에 의하면 서울은 4만 8,000세대가 입주해야 적정 수요량이 채워지는데, 1만 세대도 안 되는 신규 아파트가 입주를 하니 걱정입니다.

    미래의 아파트 입주 물량인 착공 실적도 걱정입니다. 2023년 들어(1~9월) 서울의 아파트 착공 물량은 4,133세대에 그쳐 전년과 비교하면 72.2% 줄었으며 5년 평균과 비교해도 65.9% 감소했습니다.

전국적으로도 아파트 입주 물량은 예전에 비해서 꽤 줄었습니다. 2024년과 2025년의 입주 물량은 각각 32만 4,000세대, 24만 7,000세대로 2023년 39만 1,000세대에 비해 급격히 줄어든 것을 알 수 있습니다. 하지만 적정 수요량(26만 1,000세대)과 비교하면 전국적으로는 큰 문제가 없다고 볼 수 있습니다. 결론적으로 말씀드리자면 주택 중에 가장 수요가 많은 아파트, 지역으로는 주거선호지역(서울)의 아파트가 부족한 것이 문제라는 말입니다.

〈아파트 입주 물량 추이〉 (단위 : 세대)

구분	2022년	2023년	2024년	2025년	2026년
전국	35만 5,948	39만 1,200	32만 4,315	24만 6,986	10만 9,613
서울	3만 6,555	3만 7,505	1만 9,377	3만 4,480	3,650

출처 : 부동산지인(2023년 11월)

우리나라만 그럴까요? 미국도 마찬가지입니다. 2021년 상반기 미국의 주택 가격은 15년 만에 최대폭으로 상승했습니다. 미국 주택 가격의 상승 또한 공급 부족에 기인합니다. 미(美)부동산중개인협회(NAR)에 따르면 2023년 3월 말 기준으로 시장에 나온 매물은 107만 가구로 전년의 같은 기간과 비교하면 28.2%나 급감했습니다.

더 큰 문제는 신규 공급입니다. 필자의 소속 대학(IAU)이 있는 LA의 주택 증가율은 지난 10년 동안 5%에 불과합니다. 캘리포니아주 10대 지역 중 해군기지로 유명한 옥스나드(Oxnard, 3.5%)를 제외하면 가장 낮은 증가율입니다. 일자리 증가에 대비한 주택 증가율은 더욱 심각한 수준입니다.

신규 주택 한 채 당 1~2개의 새로운 일자리가 이상적이지만 샌프란시스코 산호세(San Jose)는 5.9개, LA는 4.2개나 되어 일자리가 늘어나는 도시는 폭등하는 집값을 넋 놓고 바라볼 수밖에 없는 상황이 되었습니다.

이런 상황이 지속되다 보니 2021년 5월 미국에서 매매된 주택 2채 중 1채는 호가를 웃도는 가격에 거래된 것으로 나타났습니다. 레드핀(Redfin)에서 2023년 5월 거래된 주택 가격을 분석한 결과 51%가 매도자가 요구한 가격보다 비싸게 팔렸다고 합니다. 이 비중은 지난해 같은 기간의 26%와 비교하면 2배나 증가한 수치입니다. 집을 사기 위한 매수자들의 경쟁이 늘었다는 말입니다.

2021년 한국의 상황도 심상치 않았습니다. 직방의 서울의 아파트 실거래가 최고가경신 통계에 의하면 2021년 5월의 최고가경신 비율은 64.27%로 전년 같은 기간(51.36%)보다 13%포인트 가까이 높아졌습니다. 안타까운 것은 갈수록 최고가를 경신하는 아파트가 늘어나고 있었지만 이런 추이를 막을 수 있는 뾰족한 방법이 당시로는 없었다는 점입니다.

〈아파트 실거래가 최고가경신 면적 비율〉

구분	전국	서울
2020년 5월	38.33%	64.27%
2021년 5월	25.39%	51.36%

출처 : 직방RED(2021년 6월 12일, 집계 기간 1개월)

2.4대책에서 밝혔듯이 정부의 공급은 2025년이 되어야 겨우 택지를 확보할 수 있는 수준입니다. 사전분양 등의 편법을 통해 주택 수요자들의 불

안감을 잠재우려 하지만 약속한 공급량이 현실화되지 못한다면 더 큰 문제를 발생시킬 수 있습니다. 최근 태릉골프장과 과천정부청사 유휴부지에 약속한 공급 물량이 제대로 진행되지 않는 것이 대표적인 사례입니다.

더불어민주당 부동산특별위원회에서 발표한 '누구나 집'은 1만 785가구나 됩니다. 2기 신도시에 추가되는 물량까지 고려하면 1만 6,000세대를 훌쩍 넘깁니다. 하지만 과연 주택 수요자들이 이런 주택을 원하는지는 또 다른 이야기입니다. 첫 번째 문제는 지역입니다. 지금은 서울 도심에 신축 아파트가 필요하지 '누구나 집'과 같은 서울 외곽은 공급의 우선순위나 선호에서 떨어집니다. 수도권의 인구 이동 통계를 살펴보면 서울 도심에서 외곽 그리고 경기도로 이동하는 추이를 볼 수 있습니다. 대부분 내 집이 없는 가구일 것으로 예상되는 이런 흐름을 끊을 수 있는 가장 좋은 방법은 도심에 신규 아파트를 공급하는 것입니다.

두 번째는 주택 공급의 형태입니다. 주택 가격 상승분을 불로 소득이라고 규정하는 황당한 정권 아래서는 쉽지 않겠지만, 주택 수요자는 온전히 자기 집, 자기 자산소득을 원합니다. 집값 상승분을 누구와 나눠야 한다는 인식은 상식적이지 않습니다. 따라서 주택 수요자가 원하는 방법으로 다시 설계할 필요가 있습니다. 2021년 초부터 등장한 지분형 주택이나 수익공유형 주택이 왜 시장의 관심을 끌지 못하는지 고민해봐야 합니다. 지금은 주택 공급이 부족한 것이 아니라 필요한 주택이 부족한 것입니다. 아파트 5분위배율(고가 아파트와 저가 아파트의 가격 격차)이 통계 집계 이래 가장 크게 벌어진 것을 걱정하는 건 필자만의 기우였으면 합니다.

GTX가 뚫리면
경기도 외곽이 좋아질까요?

KB국민은행에 의하면 2023년 10월 기준 서울의 평균 아파트 매매 가격은 12억 원에 이릅니다. 서울에서 집을 매수하기가 쉽지 않자 서울과 인접하고 접근성이 용이하며 상대적으로 집값이 저렴한 경기도로 눈을 돌리는 사람들이 늘면서 2020년 하반기 신축을 중심으로 경기도의 아파트 가격이 많이 올랐습니다. 2021년 많은 경기도의 아파트들이 최고가격에 거래되었거나 신고가를 경신했다고 합니다.

경기도 외곽의 신규 아파트를 중심으로 가격 오름 폭이 컸었는데 여기에는 GTX가 큰 역할을 했습니다. 'Great Train Express'의 약자인 GTX는 수도권 외곽에서 서울 도심의 주요 거점을 연결하는 수도권 광역급행철도로 GTX A, B, C 등 3개 노선 건설이 추진되고 있습니다. 그동안 교통 여건이 좋지 않았던 경기도 외곽의 경우 GTX로 인해 서울 도심으로의 접근성이 획기적으로 개선될 수 있습니다. 지방자치단체 간 유치 신경전이 치열한 이유입니다.

2021년 상반기에 국토교통부가 발표할 4차 국가철도망 구축계획에 포함될 것으로 예상되는 GTX D 노선을 두고 서울과 인천, 그리고 경기도의 여러 지자체들이 동시다발적으로 경유를 추진하면서 국토교통부의 입장마저 난처해졌습니다. GTX가 정차하는 곳의 주택 가격이 오를 수 있다는 기대 때문입니다. GTX가 집값을 올릴 보물단지가 되고 있습니다.

〈수도권 광역급행철도(GTX) 계획〉

노선	지역	노선	진행
A	운정–동탄	83.1km 11개 역	2023년 12월 개통 예정
B	송도–마석	74.8km 10개 역	2024년 12월 개통 예정
C	송도–마석	74.2km 10개 역	2023년 12월 개통 예정
D	운정–원시	74.2Km 10개 역	2030년 개통 예정

출처 : 국토교통부

GTX로 오른 집값, 유지될 수 있을까?

GTX로 인해 경기도 외곽과 서울 도심의 접근성이 개선되면 어떤 일이 벌어질까요? 교통 여건이 개선되면 상권이 좋아지고 유동 인구가 늘어날 것으로 예상하는 분들이 많습니다. 안타깝게도 대부분의 지역은 장기적으로 어려움에 직면할 가능성이 큽니다. 상권도 죽고 유동 인구도 출퇴근 시간에 역 주변에서만 반짝 늘어날 뿐이지 평소에는 GTX가 뚫리기 전과 큰 차이가 없을 것입니다. 이건 이미 다수의 나라들에서 철도가 도심의 외곽까지 개통되면서 발생했던 오래된 미래입니다.

비단 외국뿐이겠습니까. 경부선 KTX가 뚫리면서 대구의 상권이 휘청거렸던 일은 상권을 연구하는 사람들에게는 아주 익숙한 이야기입니다. 난공불락으로 여겨졌던 대구의 지역 백화점들이 심각한 경영난을 겪었으며 대형 병원들 또한 어려움에 처하게 됩니다. KTX를 타고 1시간 30분이면 서울에 도달할 수 있는데 왜 굳이 대구의 백화점과 병원을 이용할 것인가 하는 대구 시민들의 판단이었을 것입니다.

이런 현상을 '빨대효과(Straw Effect)'라고 표현합니다. 교통수단이나 여건의 개선으로 인적, 물적 자원의 대도시로의 집중이 심해지는 현상을 일컫는 말입니다. 2004년 4월 고속철도(KTX) 개통 이후 많이 언급되는 단어입니다. 고속철도 개통에 따라 수도권의 강력한 흡입력에 의해 지방이 쪼그라드는 현상인데, 이 영향은 단기적으로 주로 의료와 대형 유통시설에서 두드러집니다.

사실 '빨대효과' 또한 작명의 달인들이 즐비한 일본에서 처음 쓰인 용어로 알려져 있습니다. 일본에서도 신칸센(新幹線)이 도입될 당시 도시 중심의 인구 불균형이 완화되는 일명 '분산효과'를 기대했으나, 실제로는 신칸센으로 인해 지방의 인적, 물적 자원들이 모두 대도시로 빨려들어가는 현상이 나타났습니다. 이로써 '빨대효과'라는 말이 생겨났는데 최근에는 《지방소멸》이라는 책이 출간되면서 이러한 현상이 계속되는 것에 대한 심각성을 경고한 바 있습니다.

빨대효과로 인해 경기도 외곽은 어려워질 가능성이 증가

우리의 GTX 또한 서울 도심과의 접근성을 개선하기 위한 목적으로 계획되었습니다. GTX 역사 30여 개 중 2개 노선이 경유하는 결절점(Hub)은 3곳입니다. GTX A, B 노선의 결절점은 서울역, GTX A, C는 삼성역, GTX B, C는 청량리역입니다. 이 세 개의 결절점을 중심으로 국토교통부는 수도권 광역교통망의 새 판을 짜나갈 것입니다. 갑자기 생겨난 GTX D 노선의 경우 삼성역을 지날 것으로 예상되는데, 삼성역은 GBC(Global Business Center) 건설과 함께 GTX 3개 노선이 만나는 초결절점이 될 것입니다. 이로써 강남의 집중화 현상은 더욱 강화될 가능성이 큽니다.

GTX로 인해 주목받고 있는 경기도 외곽지역에 발생할 또 다른 문제는 교통비입니다. 국토교통부에서 발표한 기본요금은 A노선의 경우 2,850원입니다. 하지만 본격 개통 시점인 2024년대에는 정부의 계획과 달리 적어도 2배, 많게는 3배를 넘는 기본요금이 책정될 우려도 있습니다. 민자사업의 특성상 정부의 적극적인 지원 없이는 요금을 낮추기 쉽지 않을 것입니다. 국내의 교통비는 선진 외국에 비해 3~5배 저렴합니다. 이건 그동안 정부의 지원에 의해 가능한 일이었습니다. 하지만 10년이 지난 이후에도 정부의 지원이 지금처럼 가능할 것으로 생각하는 것은 일견 순진한 기대일 수 있습니다. 제대로 쓰고 있는지도 의문이지만 과거에 비해 재정 건전성을 크게 고려하지 않는 정부의 포퓰리즘식 재정 지출에 코로나19로 인한 긴급 자금 또한 남발되면서 우리도 곧 긴축 재정을 고려해야 하는 상황에 직면할 것입니다.

GTX로 인해 현실적인 교통 여건이 개선되었다고 하더라도 물리적인 거리는 어쩔 수 없습니다. 사람들이 생각하는 물리적인 거리는 심리적으로도 굉장히 중요합니다. GTX를 제외하면 서울 도심으로 이동할 수 있는 변변한 교통수단이 없을 경우 교통비 부담이 상승작용을 하면서 다시 도심으로 이동하는 수요가 증가하게 됩니다. 계속 언급하지만 외국에서도 이미 증명된 사례입니다. 전 세계에서 가장 철도가 잘 놓여 있는 국가이지만 일본의 신도시는 이미 유령도시로 변해버렸습니다. 저출산의 최고기록을 경신하면서 인구가 줄고 있는 우리나라의 경우 이런 상황은 더욱 빠르게 발생할 가능성이 큽니다.

핵심은 고급 일자리다

GTX D 노선마저 추진된다면 삼성역은 3개 노선이 만나는 초결절점의 역할을 수행할 것입니다. 왜 삼성역일까요. 그건 일자리 때문입니다. 전국에서 일자리가 가장 많은 곳은 서울의 도심입니다. 경기도 외곽을 여기와 이으려는 목적은 경기도 외곽이 배드타운 성향이 크기 때문입니다. 직장은 서울 도심, 주거는 경기도 외곽인 것입니다. 일자리가 많은 곳은 GTX노선을 유치하기 위해 노력할 필요가 없습니다. 강남의 삼성동은 모든 철도 노선들이 연결하고 싶은 곳입니다. 삼성동의 경우와 마찬가지로 새로 생기는 고급 일자리가 엄청난 마곡지구의 경우에도 도시계획상 이미 3개의 철도노선(5호선, 9호선, 공항철도)이 자리 잡고 있습니다. 여전히 대

규모 개발사업들이 진행 중인 마곡이 원해서 이런 철도 노선들이 들어와 있는 것이 아니라 마곡의 고급 일자리 때문에 철도노선을 연결할 수밖에 없었던 것입니다.

핵심은 일자리입니다. 고급 일자리가 풍부한 곳은 현재도 철도노선이 잘 갖춰져 있어 GTX에 목을 맬 필요가 없습니다. GTX가 아니더라도 어떠한 새로운 노선이 생기더라도 고급 일자리가 풍부한 지역을 통과할 수밖에 없기 때문입니다. GTX와 마찬가지로 새로운 노선들도 대부분 민자사업일 것입니다. 노선들이 사업성을 유지하기 위해서는 고급 일자리가 많은 곳을 통과할 수밖에 없습니다. 아니면 장기적으로 돈 먹는 하마로 전락할 것입니다. 수도권을 아무리 GTX로 촘촘히 연결해도 기업 하기 좋은 환경을 만들어 일자리를 늘릴 생각을 하지 않는다면, 결국 소용없는 일이 될 것입니다. 예전 정부의 기업 친화적인 정책이 어떤 것이 있는지 다시금 생각해봤으면 싶습니다.

신도시 개발은
빈집만 늘립니다

빈집의 대부분은 지방 8개 도에 있습니다. 수도권과 지방권 등 양분법적으로 살펴보면 빈집은 지방이 많습니다. 이런 구분은 지방 자체 내에서도 마찬가지입니다. 지방의 도심은 빈집 증가율이 낮으나 외곽지역은 빈집 증가율이 높습니다. 부동산 경기가 침체되고 이에 따른 미분양 주택이 늘어난다고 가정하면 향후 도심 외곽지역을 중심으로 빈집은 계속 증가할 것입니다. 물론 수도권의 외곽지역 역시 안심할 수만은 없는 상황입니다.

빈집이 발생하는 원인은 다양하지만 가장 강력하고 앞으로도 계속 강화될 변수는 고령화와 도심 집중입니다. 특히, 대한민국이 겪는 가장 큰 위험요인은 고령화입니다. 2023년 6월 기준 고령인구의 비중은 18.5% 수준이나 〈내셔널리스트인터리스트(The National Interest)〉는 2065년 한국의 65세 이상 인구 비중이 절반에 가까울 것으로 예측했습니다. 이민에 긍정적인 미국과 캐나다, 호주는 노인 인구의 비중이 1/4에 못 미칠 것으로 예상한 점 등을 고려하면 아주 심각한 상황이 도래하는 것입니다. 한국에서의 고령화는 익숙한 풍경이 되고 있습니다.

⟨고령인구 추이⟩

구분	2010년	2015년	2020년	2022년
고령인구 비중	11.3%	13.2%	16.4%	18.1%
노령화 지수	69.6	95.2	132.5	156.1

출처 : 2022년 인구주택총조사

나이가 들면 산 좋고 물 맑은 곳을 찾아갈 것 같지만 사실 노인들이 가장 살고 싶은 곳은 도심입니다. 편의시설이 잘 갖춰져 있고 생활 인프라가 안정적으로 구비된 도심이 거동이 불편한 노인들에게는 가장 매력적인 주거공간이 되는 것입니다. 특히 나이가 들면 의료서비스에 대한 중요성이 커지는데 우리나라는 대형병원에 대한 선호가 크기 때문에 도심 내에서만 이런 서비스를 받을 수 있습니다. 따라서 기존에 도심을 벗어나 한적하고 공기 좋은 전원에서 생활하던 노인들도 건강에 적신호가 켜지면 도심으로 복귀할 수밖에 없습니다. 갈수록 도심 집중을 가속화시키는 요인입니다.

노인, 젊은 층 모두 도심을 선호

그럼 젊은이들은 도심을 싫어할까요. 이들도 도심을 선호하기는 마찬가지입니다. 밀레니얼세대, 에코붐세대로 알려진 30대 직장인들이 가장 선호하는 주거지역은 도심입니다. 교외의 한적한 생활을 즐기던 선진국 직장인들마저 도심의 주상복합 거주를 선호하는 성향으로 바뀌고 있습니다. 코로나19의 확산으로 교외의 주택이 주목받는다지만 사실 이는 남의 나라 이야기입니다. 선진국 국민들은 과거부터 교외의 집을 선호했기 때문에 촉매제(코로나19)가 생기면서 다시 예전으로 돌아가려는 움직임이 있는 것뿐입니다. 원래부터 아파트 문화에 익숙한 우리 젊은 세대에게 가장 큰 이슈는 직주근접입니다. 전국의 어느 지역을 조사해도 이들이 가장 많이 거주하는 지역은 직주근접이 가능한 도심 또는 그 배후 주거지역입니다.

투자 목적과 교육환경 때문에 주택을 구입했던 베이비붐세대에 비해 에코붐세대는 실수요자가 많이 분포하기 때문에 직장과의 접근성을 가장 중요하게 여기는 것으로 파악됩니다. '저녁이 있는 삶'은 에코붐세대의 개인 생활을 중시하는 풍토가 반영되었다고 볼 수 있습니다. 그리고 과거 베이붐세대와는 다르게 직장에서는 초과 근무를 시키기가 쉽지 않고, 맞벌이부부가 많은 점 등을 고려하면 직주근접이라는 부동산 시장의 대명제는 더욱 크게 다가옵니다.

세대 간 경쟁으로 가치가 높아지는 도심

직주근접의 중요성이 더 커져 도심에 자리를 잡아야 하는 젊은이들이 노인들과 주거지 경쟁을 벌일 가능성이 높습니다. 자녀들 학업 때문에 강남에 자리 잡았던 중장년층도 자녀들이 분가했음에도 불구하고 강남을 떠나지 않습니다. 불편하면 전세를 주고 외곽에 편하게 전세를 삽니다. 들어올 사람은 넘쳐나는데 떠나는 사람은 거의 없습니다. 더욱이 정부의 규제는 이러한 주거선호지역에 집중되고 있습니다. 수요는 늘어나는데 규제로 인해 매물 잠김 현상이 극심합니다. 하나의 아파트를 두고 세대 간 경쟁하는 양상입니다. 대도시 도심에 대한 수요가 더욱 증가할 수밖에 없습니다.

문재인 전 대통령의 공급 확대에 대한 언급으로 정부는 4기 신도시를 검토한다고 알려졌었습니다. 하지만 합계출산율이 0점대를 유지하는 우리나라에서 더 이상 신도시를 개발하는 것은 바람직하지 않습니다. 줄어든 인구 대부분 도심에 모여 산다면 나머지 지역은 인구 유출과 생활 인프라 부족에 시달릴 가능성이 높기 때문입니다. 일시적이 아닌 이런 현상이 악순환의 고리를 만들어낸다면 도심 외곽의 빈집 발생 확률 또한 급속히 늘어날 것입니다. 재건축·재개발 규제를 완화해 도심을 높게 개발하는 것이 대안이 될 것입니다. 도심 개발의 성공 사례인 일본의 록본기힐스가 그리워집니다.

인구 감소보다 청년층 인구 유출이
더 큰 문제입니다

　인구 감소는 부동산 시장에 부정적인 영향을 미칩니다. 기본적으로 부동산 시장은 인구가 늘어나는 곳이어야 전망이 있습니다. 다양한 부동산 시장의 호재들을 살펴보지만 궁극적으로는 이러한 호재들도 인구 증가를 통해 부동산 시장에 긍정적인 영향을 미치기 때문입니다. 대표적인 것이 교통 호재입니다. 교통 호재는 정주인구뿐만 아니라 유동인구도 늘릴 수 있습니다.

　인구가 감소하는 축소지향의 시대에는 출산에서 사망을 뺀 자연 증감도 중요하지만 사회적 증감, 즉 인구 이동이 더 중요합니다. 인구가 늘어나는 시기에는 사회적 증감에 대한 인식이 높지 않지만, 인구가 감소하기 시작하면 도시 간 경쟁력의 차이로 인한 인구 이동의 중요성이 커집니다. 안타깝게도 수도권 집중 현상이 개선되지 않으면서 지방권에서 수도권으로의 인구 이동은 심화되는 중입니다. 더 유심히 살펴야 할 사항은 유출

되는 인구의 특성입니다.

부동산 시장의 수요는 다양합니다. 크게 4부문으로 나누어 살펴볼 수 있습니다. 수요의 양과 질, 그리고 범위와 계층으로 나눌 수 있습니다. 인구와 가계를 뜻하는 수요의 양과 소득이나 자산을 의미하는 수요의 질은 성장의 시대에는 중요한 변수였습니다. 하지만 축소지향의 사회에서는 외부 수요인지 내부 수요인지를 나타내는 수요의 범위와 연령대별 인구 수를 뜻하는 수요의 계층이 중요해집니다.

지방권에서 수도권으로의 인구 유출의 대부분은 청년층이 차지합니다. 청년이 떠나면 출산율은 더욱 줄고 고령화는 가속화되어 기업도 떠나고 일자리가 줄어드는 악순환에 빠져들게 됩니다. 수요의 범위와 함께 계층까지 무너지는 현상도 벌어집니다. 청년이 떠난 도시는 고령화가 심화되며, 일자리가 없으니 청년들은 돌아오지 않습니다. 축소지향의 시대에는 수요 범위의 중요성이 더 커집니다. 왜냐하면 외부 수요를 좌우하기 때문입니다.

내부 수요란 지역 내의 수요로서 지역이 가지는 특성에 의해 규정되어집니다. 따라서 내부 수요는 상당한 한계를 가집니다. 내부 수요 활성화 못지않게 중요한 변수는 외부 수요의 확대입니다. 지역 경제에 대한 다수의 연구에서도 외부 수요가 지역의 성장에 미치는 영향이 두드러짐을 증명하고 있습니다. 이처럼 외부 수요가 지역 경제와 부동산 시장에서 미치는 영향은 더욱 중요해지고 있습니다.

부동산 수요가 갈수록 줄어들고 있는 지방의 부동산 시장에서 많은 한계를 가진 내부 수요에만 기대어 상황을 반전시키는 데는 어려움이 따릅니다. 국내가 되었든 해외가 되었든, 좋은 수요 요인을 보유한 타 지역의 수요를 적극적으로 흡수하고 확대시킬 수 있는 노력이 필요합니다. 이런 측면에서 수도권보다는 지방 부동산 시장에서 외부 수요가 더욱 중요한 변수로 떠오르고 있습니다.

나아가 외부 수요를 고려할 때 항상 수요의 계층도 고민해야 합니다. 지속가능한 부동산 시장의 성장을 위해서는 은퇴(예정)자보다는 젊은 층의 유입이 더 의미 있습니다. 특히 현재 주택 시장에서 주력 계층으로 부상하고 있는 20~30대의 연령층 유입은 아무리 강조해도 지나치지 않습니다.

안타까운 점은 한국은행의 자료에 의하면 수도권 인구 증가에 대한 청년 유입의 기여율이 78.5%나 된다는 점입니다. 청년층의 이동 증가는 기대 소득 등 경제지표와 함께 문화·의료 등 서비스의 지역 간 격차가 커진 데 주로 기인한다는 평가입니다. 하지만 서울과의 규모 차이가 큰 지역들이 이를 극복한다는 건 거의 불가능한 현실입니다. 권역별 거점도시들을 육성하는 것이 하나의 대안으로 부각됩니다. 이미 이를 실행하고 있는 선진국에서도 비수도권에서 거점도시로의 이동이 수도권 집중을 억제한다는 결과가 나오는 중입니다. 권역별 메가시티가 중요한 이유입니다.

〈전체 인구 변동 중 청년층의 이동 기여율〉

구분	수도권 유입 기여율	동남권 유출 기여율	대경권 유출 기여율	호남권 유출 기여율
비중	78.5%	75.3%	77.2%	87.8%

출처 : 한국은행, '지역 간 인구 이동과 지역경제(2023년 11월)'

외부 수요를 언급할 때 국내에만 한정되는 경향도 탈피할 필요가 있습니다. 지역별로 외부 수요를 국내에만 한정한다면 제 살 깎아 먹기 식의 경쟁이 초래될 수밖에 없습니다. 인구의 증가가 갈수록 줄어드는 상황에서는 특정 지역의 수요 증가는 필히 또 다른 지역의 수요 감소를 유발하기 때문입니다. 시각을 넓혀 해외 부동산 수요를 흡수한다면 지역 부동산 시장의 발전과 함께 국내 경제 발전에도 일익을 담당할 수 있을 것입니다.

실버타운을
짓지 않으면

보증금 9억 원에 월 550만 원. 이것은 강남의 초고가 월세가 아닙니다. 실버타운이라고 알려진 광진구의 한 노인복지주택의 보증금과 1인 생활비입니다. 실버타운의 생활비는 의무식(입소하게 되면 의무적으로 먹어야 하는 식사 횟수)이 각각 다르기 때문에 일률적으로 비교하기는 힘듭니다. 하지만 올해 들어 가장 비싸게 월세 거래된 30평대 아파트의 보증금과 월세가 각각 2억 원과 1,100만 원이니 큰 차이가 없습니다.

'공빠TV(전국의 실버타운을 탐방하고 공부한 내용을 소개하는 유튜브 채널)'에서 집계한 자료에 의하면 국내 상위 5개의 실버타운은 보증금 3.2~9억 원, 1인 월 생활비는 224~550만 원이 든다고 합니다. 노후의 안정적인 생활을 걱정하는 노인인구가 많은 점 등을 고려한다면 실버타운의 보증금과 월 생활비는 상당한 수준입니다. 추가적으로 들어가는 비용 등을 고려하면 어지간한 자산가가 아니면 실버타운의 문을 두드리는 것은 어렵습니다.

〈실버타운 가격 순위〉

실버타운명	지역	1인 보증금	1인 월 생활비	설립 연도
더클래식500	서울 광진구	9억 원	550만 원	2009년
브이엘르웨스트	서울 강서구	7억 5,000만 원	305만 원	2025년
삼성노블카운티	경기 용인시	3억 2,000만 원	340만 원	2001년
브이엘라우어	부산 기장군	4억 4,640만 원	286만 원	2024년
더시그넘하우스	서울 강남구	4억 4,000만 원	224만 원	2017년

출처 : 공빠TV(2023년 3월)

고령화가 진전되면서 노인들이 입소할 수 있는 실버타운에 대한 관심이 커지고 있습니다. 하지만 안타깝게도 국내에는 실버타운 자체도 많지 않지만 입이 떡 벌어지는 입소 비용은 노인 주거에 대한 고민을 가중시키고 있습니다. 실버타운 입소 연령이 60세(부부 중 한 사람만 적용)임을 고려한다면 대상 연령층으로 진입하는 베이비부머들은 갈수록 늘어날 것입니다. 이들을 수용할 수 있는 노인주거시설이 적다면 사회에 부담이 되는 건 시간 문제가 아닐까 싶습니다.

실버타운은 왜 이렇게 비쌀까요? 기본적으로 실버타운은 관리가 필요한 케어시설이기 때문입니다. 하지만 의료서비스와 식사, 그리고 기본적인 청소 등을 외부에서 조달한다고 하더라도 현재의 생활비보다는 조금 더 저렴하게 할 수도 있지 않을까라는 의문은 듭니다. 국내 실버타운이 비쌀 수밖에 없는 요인을 몇 가지 지적하고자 합니다.

첫 번째는 국내 실버타운은 타운이라고 하기에도 부끄러울 정도로 소규모입니다. 보건복지부의 '2022 노인복지시설 현황 자료'에 의하면 노인복지주택 1개 시설 당 입소 정원은 223세대입니다. 200세대는 보통 나홀로 아파트로 분류되어 투자 가치도 떨어집니다. 서울은 더 심각합니다. 시설당 입소 정원은 160세대에 불과합니다. 규모의 경제를 만들지 못하다 보니 의무식이 존재하고 제반 서비스 비용 또한 높을 수밖에 없습니다. 미국의 은퇴자 공동체(Retirement Community) 선시티(Sun City)에는 4만 명 가까운 은퇴 노인들이 거주합니다. 도시 면적은 여의도의 11배에 이릅니다.

〈2022년 기준 노인복지시설 현황〉 (단위 : 명, 개)

지역	65세 이상 노인인구	시설 수	세대		종사자 수
			정원	현원	
전국	8,851,033	38	8,491	7,900	931
서울	1,597,447	11	1,759	1,741	367

출처 : 보건복지부

두 번째는 노하우의 부족입니다. 실버타운의 역사가 일천하기에 아직 제대로 된 노인복지에 대한 경험이 부족합니다. 국내 실버타운은 단순히 노인복지서비스를 합쳐놓았다는 인상이 강합니다. 서비스 간의 연계나 시너지는 부족한 듯합니다. 하지만 시간이 갈수록 경험이 쌓이면 더 나은 서비스를 더 저렴한 비용으로 제공할 수 있을 것입니다.

100세 시대라는 말이 낯설지 않은 요즘 실버타운은 제2, 제3의 인생을 설계하는 곳이 되어야 합니다. 우리 부모님 세대만이 아니라 그 이후 세대들 또한 더 쾌적하고 안전한 생활을 위해 실버타운은 필수적입니다. 만약 실버타운이 지어지지 않으면 도심회귀로 귀결될 것입니다. 실버타운은 서비스 산업의 특성을 가집니다. 이중 가장 중요한 서비스는 의료입니다. 만

60세가 넘으면 실버타운에 입소할 수 있지만 사실 입소자들의 평균 연령은 70세가 훌쩍 넘습니다. 나이가 들어 느끼는 가장 큰 위험은 건강입니다. 대형병원에 대한 집착이 강한 우리나라는 당연히 노인들이 도심을 떠나지 않으려 할 것입니다. 직주근접의 중요성이 더 커져 도심에 자리를 잡아야 하는 젊은이들이 노인들과 주거지 경쟁을 벌일 가능성이 큽니다. 그러니 대도시 도심에 대한 수요가 더욱 증가할 수밖에 없습니다.

4장.
부동산 투자, 어떻게 할까요?

갈아타기,
지금이 최적입니다

'갈아타기'란 주식 시장에서도 회자되는 전략 중 하나입니다. 보유하고 있는 종목보다 상승 잠재력이 높은 종목을 발견해 보유 주식을 매도하고 상승 잠재력이 높은 종목으로 전환해나가는 것을 말합니다. 주식 시장에서 갈아타기를 할 때 유의할 점은 주가의 등락이 엇갈리는 상황에서 매도한 종목의 주가가 상승하고 매수한 종목의 주가가 하락할 경우에는 이득이 아닌 손실을 자초할 수도 있다는 것입니다. 따라서 주식 시장이 보합이나 약세권에 있을 때 갈아타기가 유리합니다.

아파트 시장에서도 이런 논리는 정확히 적용됩니다. 현재 부동산 시장의 최대 화두는 똘똘한 한 채입니다. 새 정부가 들어서면서 문재인정부의 잘못된 부동산 정책을 해소하기 위해 노력하고 있지만, 법을 바꾸는 것은 어렵기에 한계가 많습니다. 따라서 당분간 똘똘한 한 채에 대한 수요는 늘어날 가능성이 큽니다. KB국민은행에서 발표하는 상위 20% 아파트와 하위 20% 아파트 간의 가격 차이인 5분위 배율은 2023년 10월 기준, 10.3배로 크게 벌어졌습니다. 안타깝게도 문재인정부 출범 당시 5분위 배율은 4.74배에 불과했습니다. 지난 7년간 아파트 시장의 양극화는 2배도 넘게 더 크게 벌어졌습니다. 쉽게 말해서 똘똘한 한 채는 많이 올랐지만 그렇지 않은 아파트는 적게 오르거나 오히려 떨어졌다는 말입니다. 왜 주거선호지역의 똘똘한 한 채로 갈아타야 하는지를 통계적으로 증명해주고 있습니다.

이것은 우리만의 관심 사항은 아닙니다. 전 세계적으로 똘똘한 한 채에 대한 수요는 증가하는 중입니다. 영국부동산정보업체인 나이트프랭크(Knight Frank)가 전 세계 주요 43개 도시의 상위 5% 주택 가격을 비교 분석한 자료에 의하면 팬데믹 기간 중 단 한 번도 주택 가격이 하락한 적이 없었습니다. 2022년 1분기를 기준으로 서울의 경우, 지난 1년간 상위 5% 주택의 가격이 무려 20.2%나 상승해 전 세계 6위를 기록했습니다. 미국의 상황은 더욱 심각합니다. 지역 집값 평균이 100만 달러인 도시($1 Million Cities)가 3배나 급증했다고 합니다. 부동산정보업체 질로(Zillow)에 의하면 2021년 146곳이 100만 달러 도시에 새로 이름을 올렸다고 합니다. 이는 통계 집계 이래 사상 최대 규모이며 무려 지난 6년 동안의 도시 수를 모두 합친 것보다 많았다고 합니다. 미국의 100만 달러 도시 대부분은 큰 해안 지역에 모여 있습니다. 전체적으로 100만 달러 도시의 60%가 8개 대도시 지역 내에 있으며 거의 절반(44%)이 캘리포니아에 있어 지역 집중도를 심화시키는 중입니다.

이렇게 똘똘한 한 채에 대한 수요가 증가하는 가장 큰 원인은 소득의 증가와 소득의 양극화입니다. 우리나라처럼 터무니없는 정부의 규제로 똘똘한 한 채에 대한 수요가 늘어나기도 하지만, 기본적으로는 소득 증가와 양극화가 이런 현상을 발생시키는 주요 원인으로 지적됩니다. 특히 팬데믹 이후 소득의 양극화는 심화되고 있어 똘똘한 한 채에 대한 수요는 더욱 증가할 것으로 예상됩니다. 우리나라의 경우에도 상위 10% 소득을 하위 10%의 소득으로 나눈 10분위 배율은 2020년 42.4배로 지난 4년 내 가장 크게 벌어졌습니다. 근로소득 상위 1%의 소득점유율 또한 7.5%로 높아졌습니다.

〈주택 가격 평균 100만 달러 도시〉

출처 : 질로(Zillow)

　자산의 증가 속도는 더 빠릅니다. KB국민은행의 '2022 한국부자보고서'에 의하면 한국 부자의 금융 자산은 2021년 말 기준 2,883조 원으로 전년 대비 무려 10.1%나 증가했다고 합니다. 일반 경제 성장이나 자산 증가 속도와는 확연히 다릅니다.

서울 주거선호지역의 아파트는 전국 상위 5% 내외의 자산가가 매입할 가능성이 큽니다. 문제는 이들의 자산 규모가 상당하다는 점입니다. 투자 상담을 해보면 상상을 초월하는 자산을 보유한 분들도 꽤 됩니다. 이들이 똘똘한 한 채로 집중하고 있다는 것은 끊임없는 갈아타기를 통해 우리들도 주거선호지역으로 이동해야 한다는 말입니다. 자산가들의 말과 행동을 유심히 살피는 것이 여러분들의 투자 의사결정에는 가장 중요합니다. 입으로 투자하는 흔히 말하는 부동산 전문가들과 현실을 도외시하고 편향된 정보만을 제공하는 학자 모두 투자자의 롤 모델(Role Model)은 아닙니다.

지금 부동산 시장은 상승의 하반기입니다. 이때의 전형적인 특징은 차별화입니다. 상승의 상반기에는 수도권 외곽지역마저 올랐습니다. 별것 아닌 호재에도 민감히 반응하는 것이 상승의 상반기에 나타나는 특징입니다. 상승의 하반기에는 오를 아파트만 오르는 실적 장세가 펼쳐집니다. 그동안의 유동성 장세는 사라지면서 어지간한 호재에도 반응이 무뎌지게 됩니다. 주식 시장도 마찬가지지만 보합이나 약세권에 있을 때가 갈아타기를 적극적으로 시도해야 하는 시점입니다. 자산가가 되고 싶은 분들에게 물어보고 싶습니다. 당신은 지금 똘똘한 한 채에 집중하고 있습니까?

부동산의 '소음'과 '신호'를
제대로 파악하는 법

부동산 정보가 넘쳐나고 있습니다. 인터넷에 접속하자마자 언론, 방송과 같은 매스미디어뿐만 아니라 다양한 사회관계망서비스(SNS)들도 부동산 정보를 쏟아내고 있습니다. 내 집 마련에 나서는 분들은 부동산 정보를 열심히 찾아다닙니다. 부동산 정보를 많이 찾고 습득하면 투자에 성공할 것으로 생각하기 때문입니다. 부동산 정보를 계속 찾아다니는 이런 행동을 정보에 중독되었다고도 표현합니다. 정보에 중독된 부동산 투자자들은 계속 많은 정보를 얻고 싶어 하지만, 사실 부동산 투자에 필요한 정보는 그렇게 많지 않습니다.

부동산 시장에 엄청나게 많은 정보들이 존재하지만 대부분의 정보는 신호(Signal)가 아닌 소음(Noise)일 따름입니다. '질'은 개선되지 않은 채 '양'만 잔뜩 늘어난 정보에 탐닉하는 행위는 시간 낭비일 뿐만 아니라 잘못된 판단으로도 이어집니다. 정보의 홍수 속에서 가치 있는 정보를 걸러내야 하지만 이런 일 자체도 엄청난 시간과 노력이 소요되는 노동일 따름입니다. 비용 또한 만만치 않습니다. 정보 이용료로 알려져 있는 이런 비용들은 투자 수익을 까먹고 투자자를 조급하게 만듭니다. 따라서 소음을 걸러내는 가장 확실한 방법은 자신만의 투자 프레임을 만드는 것입니다. 물론 신호를 바탕으로 잘 구성된 투자 프레임이 필요합니다.

최근 언론과 방송에서는 아파트 가격이 폭락한다는 선정성 기사들이 쏟아집니다. 한 달도 안 되는 통계를 가지고 시장을 해석하지만, 이렇게 짧은 기간의 통계가 어떤 의미가 있을지 의문입니다. 사실 주간 단위의 아파트 시세를 발표하는 나라가 한국이 유일하다는 사실을 알면 미디어의 선정성 기사가 일견 이해되기도 합니다. 중요한 사실은 소음보다는 신호에 집중해야 한다는 것입니다.

부동산과 같은 자산 시장을 분석할 때는 두 가지 변수만 보면 됩니다. 나머지 변수들 대부분은 소음입니다. 부동산 시장의 대표적인 신호는 수급과 유동성입니다. 자산 시장은 수요와 공급에 의해 움직입니다. 수요는 변동성이 있는 요인이지만 공급은 정해져 있으며 예측이 가능합니다. 특히 한국은 아파트가 압도적인 주거 문화이므로 분양 물량을 추적하면 3년 후 입주 물량을 비교적 정확히 예측할 수 있습니다. 2021년 12월 28일 발표된 '2022 정부 업무보고'에 나온 2022년 주택공급물량인 46만 호는 소음에 가깝습니다. 신호에 가까운 핵심적인 내용은 서울의 신축 아파트 입주 물량입니다. 부동산지인에 의하면 2023년 37,505세대였던 서울 아파트 입주 물량은 2024년에는 반 토막날 예정입니다. 서울 아파트 입주 물량의 대부분이 정비사업(재건축·재개발)을 통해 이루어지기 때문에 실제로 입주하는 신규 아파트(일반분양 물량)는 더욱 줄어듭니다. 왜냐하면 입주 물량의 대부분은 조합원 물량이기 때문입니다. 기존에 주인 있는 집이 새 아파트로 탈바꿈된 것이지 진정한 신규 입주 물량이 아니라는 말입니다. 이 숫자를 보고 아파트 가격이 오르지 않는다고 판단하기는 힘듭니다.

〈서울의 아파트 입주 물량〉   (단위 : 호)

구분	2022년	2023년	2024년	2025년	2026년
입주 물량	36,555	37,505	19,377	34,480	3,650

출처 : 부동산지인(2023년 11월)

두 번째는 유동성입니다. 돈이 많이 풀리면 자산 가격은 오릅니다. 유동성을 측정하는 대표적인 지표는 광의의 통화량인 M2입니다. 2023년 8월 3,829조 6,000억 원으로 전월 대비 8조 8,000억 원이 늘었습니다. 통화량과 주택 가격과는 강한 상관관계가 있습니다. 안타깝게도 금리는 양면성을 가집니다. 금리가 오르면 대출자의 부담도 늘지만 경기가 좋다는 신호이므로 주택 가격이 오르기도 합니다.

이 두 가지 변수만으로도 부동산 시장이 다시 하락할 것이라고 예측하기는 어렵습니다. 이와 함께 최고가 갱신 비율, 아파트 청약경쟁률, 미분양 아파트 등의 지표를 본다면 현재 부동산 시장이 하락 국면이라는 해석은 터무니없는 판단입니다. 부동산 시장의 신호(핵심 변수)를 가지고 미래를 예측하는 것이 아니라 부동산 시장의 현재 상황을 단순히 중계하는 것입니다. 그동안 앵무새처럼 집값이 계속 오를 것처럼 언급하던 많은 전문가들이 지금은 하락을 중계하는 중입니다. 지금 아파트 가격이 너무 많이 올랐으니 떨어질 것이라는 논리는 팩트가 아닙니다. 수차례의 금융위기를 촉발한 주요 요인이 주택이었지만 주택 가격이 높아서 자연스럽게 떨어진 경우는 단 한 번도 없습니다. 외부의 충격, 정책 실수 등 다른 여러 요인이 복합적으로 이루어져 주택 가격의 하락과 함께 금융위기가 왔다는 사실을 이해해야 합니다.

《소음과 투자(Navigate the Noise)》라는 명저를 저술한 리처드 번스타인 (Richard Bernstein)은 소음에 휩쓸리지 않기 위해서는 장기 투자를 하라고 권합니다. 주택은 언제라도 팔 수 있는 주식과는 분명히 다른, 장기적으로 보유해야 하는 안전 자산입니다. 일희일비(一喜一悲)하는 대표적인 자산인 가상화폐가 아닙니다. 추세 분석 또한 마찬가지입니다. 최소 3개월에서 6개월의 통계 흐름을 보아야 방향성을 진단할 수 있습니다. 한 달도 안 되는 통계로 시장을 알 수 있다는 것은 장님이 코끼리 다리를 만지는 것과 다르지 않습니다. 내 집 마련의 긴 여정에 있을 엄청난 장애와 역경을 극복해야 합니다. 그 첫 번째 장애가 부동산 소음이 되지 않도록 신호를 가지고 자신만의 투자 프레임을 만드는 노력을 게을리해서는 안 됩니다.

부동산 매수는 기술, 매도는 예술입니다

자산 투자 격언 중 '매수는 기술, 매도는 예술'이라는 말이 있습니다. 그만큼 매도가 힘들다는 의미입니다. 왜 이렇게 매도가 힘들까요? 물론 부동산 경기 상황과 매물의 경쟁력에 따라 차이가 있지만 단적으로 이를 설명하면 매수는 1 : 다(多)인 상황인 반면 매도는 다(多) : 1의 대응이 일반적이기 때문입니다. 즉 매수에 비해 매도는 시작부터 불리한 협상입니다.

매수자는 선택의 폭이 넓습니다. 이 매물을 매입할 수도 있고 저 매물의 가격을 조정해서 계약을 진행할 수도 있습니다. 심지어 매수하지 않을 수도 있겠죠. 하지만 매도자는 매수자에 비해 선택의 폭이 좁습니다. 물론 매물의 경쟁력과 부동산 경기 상황에 따라 좌우되기는 하지만, 집을 꼭 팔아야 하는 상황에 처한 매도자의 경우 선택의 폭이 더 좁을 것입니다. 최근과 같이 증세와 거래 제한 등이 예상되면 이런 심리적 압박은 더 커지게 됩니다. 특히 같은 단지라고 하더라도 매물이 내 것만 있는 것은 아니며, 경쟁 매물이 있는 경우가 더 흔합니다. 잠재적인 매수인을 두고 매도인들끼리 경쟁하는 경우가 일반적이라는 말입니다.

매도자는 심리적 압박을 느낍니다

보유한 아파트를 매도하기 위해 개업공인중개사 사무소에 매물을 접수한 이후 시간이 흐르면 매도자는 심리적인 압박을 느끼게 됩니다. '조금 더 매매 가격을 조정할까?', '여러 부동산에 내어놓는 것이 좋지 않을까?' 등등 계약이 성사될 때까지 끊임없이 이런 생각에 사로잡힙니다. 특히나 몇 주, 한 달이 지나도록 집을 보러 오는 고객들이 거의 없으면 이런 생각들은 이제 강박(强迫)으로까지 작용합니다. 미국 행정부 수석 협상 보좌관을 지닌 로저 도슨(Roger Dawson)의 책 《협상의 비법(Secrets of Power Negotiating for Salespeople)》을 보면 협상 시간이 촉박하거나 한시도 지체할 수 없는 상황에 몰리더라도 내키지 않는 척해야 한다고 합니다. 왜냐하면 조급한 내색을 보이면 분위기가 상대에게 유리한 쪽으로 흘러가기 때문입니다. 시간은 협상을 하는 데 가장 중요한 변수 중 하나입니다. 나쁜 개업공인중개사한테 가두리를 당하는 이유가 정보력 부족에만 있는 것은 아닙니다. 심리적 압박을 견디지 못하면 스스로 가격을 떨어뜨릴 수밖에 없습니다. 개업공인중개사는 옆에서 거들 뿐입니다. 언제나 명심해야 하는 격언 중 하나인 '여유 자금으로 좋은 상품을 장기로 투자하는 것'이 정답이긴 하지만 안타깝게도 주변에서 이런 투자자를 찾아보기란 쉽지가 않습니다.

매도에서 가장 중요한 것은 시기입니다. 타이밍이 가장 좋은 때는 당연하지만 상승장일 때입니다. 상승장에서는 수요자도 많고 같은 아파트 단지 내에서 경쟁하는 매물도 많지 않기 때문입니다. 매물이 나오기가 무섭게 팔립니다. 부르는 게 값인 것입니다. 단기간에 아파트 가격 상승률이 두 배가 넘는 경우도 많아 시기의 중요성을 강조하지 않을 수 없습니다. 따라서 전체적인 부동산 시장의 주기를 미리 아는 것이 중요합니다. 상승기인 경우에도 정부의 규제로 인해 조정의 시기는 항상 있습니다. 규제의 강도에 따른 조정기의 지속 시간도 고려해야 합니다. 3개월의 조정 시기와 6개월의 조정 기간은 규제의 강도에 좌우되는 경우가 많습니다. 계절적 요인도 중요합니다. 학군 때문에 움직이기도 하지만 아무래도 여름 휴가철과 겨울에는 거래가 좀 줄어들기 때문입니다. 사실 수익형 부동산의 경우에는 월세를 받는 상품이므로 월세 수준에 의해 가격이 결정됩니다. 그리고 창업이 부진한 요즘은 딱히 좋은 시기라는 것이 정해져 있지 않습니다. 하지만 투자 수익의 대부분을 시세차익에서 확보해야 하는 아파트의 경우에는 시기가 중요합니다. 적절한 시기를 고려하는 지혜로운 대처도 필요합니다.

〈권역별 아파트 매매 가격 변동률〉 (단위 : %)

지역	누계		
	2020년	2021년	2022년
전국	6.74	13.19	−7.77
수도권	7.38	16.23	−10.06
지방	6.13	10.37	−5.64

출처 : 한국부동산원(2022년 12월 기준)

매수가 예술이 될 때

또 하나의 중요한 사실은 매도자의 경우 세입자와의 관계를 잘 유지해야 한다는 점입니다. 세입자가 원활하게 집을 잘 보여주고 방문한 매수자에게 좋은 이야기를 해주는 경우는 당연히 매매가 쉽게 이루어집니다. 하지만 평소에 세입자와 좋은 관계를 맺어놓지 않은 경우는 내 집처럼 매수자를 대하는 경우를 기대할 수가 없습니다. 내 집처럼 설명해도 팔릴까 말까 하는 경우가 많기에 세입자의 도움이 절실합니다. 매도를 위해서는 다양한 시도가 필요한데, 결국 부동산은 정해진 임자가 있다는 것을 다수의 부동산 거래를 진행하다 보면 느끼게 됩니다. 좋은 개업공인중개사를 만나 서로 믿고 협력하는 것이 가장 좋은 방법입니다.

정말 중요한 사실은 매수를 매도처럼 해야 된다는 점입니다. 서로의 입장만 달라졌을 뿐이지 매수는 매도와 동일합니다. 현재의 매수자는 다음의 매도자가 되고, 지금의 매도자는 미래의 매수자가 됩니다. 따라서 매도할 때를 고려한 매수 전략이 가장 중요하다고 볼 수 있습니다. 수익성, 안정성, 환금성은 투자의 3가지 고려사항입니다. 아파트의 안정성은 주택도시보증공사(HUG)에서 책임지고 있으니 문제없습니다. 아파트를 짓다 시행사가 망하면 HUG에서 대신 지어주니 걱정할 필요가 없습니다. 대부분이 수익성을 중요하게 따지지만 실제 현장에서 거래를 해보면 가장 중요한 것은 환금성입니다. 환금성이란 자산의 가치를 떨어뜨리지 않으면서 빨리 현금화시킬 수 있는 능력입니다. 자산의 가치를 떨어뜨리면 환금성은 높아지겠죠. 10억 원의 가치가 있는 아파트를 8~9억 원에 매도하겠다고 하면 금방 팔리지 않겠습니까? 제 가격을 받으면서 빨리 팔 수 있는 것이 진정한 환금성입니다. 매수를 매도처럼 한다면(매수가 예술이 될 때) 환금성이 높은 상품을 선택할 수 있고, 추후 매도 시 불안과 강박에서 조금이라도 벗어날 수 있을 것입니다.

당신의 아파트는
누구와 경쟁합니까?

아파트 매매 가격은 갭(Gap)을 메우는 형태로 움직입니다. 항상 그런 것은 아니지만 선도(대장) 아파트의 가격이 오르면 이후 순차적으로 다음 순위의 아파트 가격이 오릅니다. 물론 선도 아파트가 아닌 도심 외곽의 아파트들이 먼저 오르는 경우도 있습니다. 이 또한 그동안 선도 아파트가 많이 올랐기 때문에 갭을 메우려는 시장의 움직임 때문에 일어나는 현상이라고 볼 수 있습니다.

이런 이유로 아파트를 살 때 매수 대상 아파트의 비교 대상이 어디인지는 중요한 투자의 변수가 됩니다. 일반적으로 비교 대상 아파트는 매매 가격이 상대적으로 높고 주변 지역에 있는 유사 아파트를 선택하는 경향이 큽니다. 여러분이 처음으로 마곡지구에 입주한다면 목동이나 상암의 아파트가 비교 대상일 것이고, 위례신도시를 고려한다면 송파나 강동의 아파트가 비교 대상일 것입니다. 비교 대상 아파트를 판단하고 투자하는 것은 중요하며 필히 계약하기 전에 염두에 두고 실행하는 것이 좋습니다. 비교 대상 아파트를 잘못 선택해서 잘못된 의사결정을 할 수도 있기 때문입니다.

마곡지구의 아파트를 매입한 분들이 처음에 비교 대상으로 삼았던 지역은 대부분 상암이었습니다. 실제로 만나본 개업공인중개사 분들도 상암 정도로는 가격이 오르지 않겠느냐고 말씀해주셨고 상암과 마곡은 컨셉(산업단지+배후주거지) 또한 비슷했습니다. 제 지인 중 한 분은 마곡의 아파트가 상암 정도 수준이 되었을 때 파셨는데 비교 대상을 잘못 잡아서 벌어진 투자 실패 사례 중 하나입니다. 재건축 안전진단 강화라는 규제가 발표되고 마곡의 아파트가 한때 목동을 위협했을 때 잘못된 판단에 속앓이를 많이 했다는 전언입니다.

위례신도시는 애초에 송파, 성남, 하남 세 곳에 걸쳐 있다 보니 비교 대상이 제각각이었습니다. 송파에 속한 단지는 잠실의 아파트가 비교 대상이었듯 투자하려는 단지가 속해 있는 지역의 아파트가 비교 대상이었을 것입니다. 분양가도 그랬지만 이후 가격 상승도 송파 지역의 아파트들이 더 많이 오른 것은 모두가 알고 있는 사실입니다.

아파트 가격의 움직임은
갭 메우기

부동산 상품은 위계를 가집니다. 개별 부동산도 마찬가지고, 유형별로도 그렇습니다. 국내 주택이 대략 2,000만 호가 되는데 이 주택을 1등에서 2,000만 등까지 가격에 의해 순위를 매길 수 있습니다. 물론 기준은 객관적일 수도 있고 다분히 주관적일 수도 있습니다. 어떤 사람은 강남을 좋아하지만 또 다른 주택 수요자는 복잡한 강남을 싫어할 수도 있기 때문입니다. 실거래가와 공시가격 등은 그 순위를 정하는 데 객관성을 부여할 수 있습니다.

개별 부동산 측면에서도 이 위계는 중요합니다. 해당 지역에서 가장 가격이 높은 1위 아파트의 가격이 올라간다고 가정하면 그 아래에 있는 2위와 3위의 가격 또한 1위를 보고 움직입니다. 대부분 올라갈 것입니다. 지금 바로 오를 건지 시간을 두고 오를 건지 등 시차가 있고, 많이 상승할지 적게 오를지 등 정도 차이가 있지만 어쨌든 그 순위에 따라 가격이 변동

합니다. 보통 상위에 있는 아파트의 가격이 먼저 움직이는 경향이 있지만, 부동산 시장의 상황과 지역적 특성에 따라 하위 아파트의 가격이 먼저 움직이기도 합니다. 주변의 개발 이슈와 저평가 여부 등이 움직임을 결정할 것입니다.

대출 규제로 인해 서울에서 9억 원대 아파트의 가격이 많이 오른 데 반해 15억 원 언저리의 아파트들은 가격이 정체되는 느낌입니다. 그럼 15억 원대의 아파트 가격은 계속 정체되어 있을까요? 그렇지 않습니다. 9억 원대의 아파트 가격이 오르면 이 아파트들이 가격의 하방 경직성을 형성하면서 상위 아파트의 가격을 끌어올리는 역할을 합니다. 갭이 벌어졌기 때문에 가격대별로 이를 메꾸는 움직임이 나타나는 것입니다. 현재와 같이 9억 원 이하의 아파트 가격이 계속 오른다면 대출 규제 여부와 상관없이 상위 아파트의 가격 또한 올라갈 것입니다. 2021년 8월에 서울에서 이미 전용 59㎡(20평대) 기준 15억 원을 초과하는 단지가 있는 자치구는 절반 가량인 12곳에 이릅니다. 강남구와 서초구, 용산구 등 세 개 자치구는 이미 20억 원이 넘어섰습니다. 9억 원대 아파트의 가격이 오르고 난 이후 15억 원대에 걸려 있던 아파트도 순차적으로 오르는 중입니다.

지방과 서울도 비교 대상

KB국민은행에 의하면 서울과 6대 광역시(6대 광역시에는 인천이 포함되지만 지방광역시 통계가 일천해 사용) 아파트 평균 매매 가격은 2~4배 사이에서 움직입니다. 그 차이가 4배로 벌어지면 곧 서울아파트 가격이 하락할 것이라는 신호이며 반대로 2배로 좁혀지면 서울아파트 가격이 조만간 본격적으로 오를 것이란 징조입니다. 실제로 2009년경 3.7배로 벌어진 가격 차이가 2016년 2.2배로 좁혀졌고 2023년 10월 기준 3.32배 정도 수준입니다. 2009년 이후로 서울 아파트는 오랜 기간 조정을 받기 시작했고, 2016년부터 본격적인 상승국면이 시작되었습니다(통계상으로는 2013년 8월부터 상승은 시작되었습니다). 이 변수만을 가지고 판단한다면 서울 아파트의 매매 가격은 상승의 여지가 조금 더 있다고 보여집니다. 아직 서울과 6대 광역시 아파트의 가격 차이가 4배에 근접하지는 않았기 때문입니다.

〈서울 vs 6대 광역시 아파트의 평균 매매 가격 차이〉 (단위 : 만 원)

구분	2009년 9월	2016년 1월	2021년 7월	2023년 10월
서울특별시	5억 3,791	5억 5,282	11억 5,751	11억 9,663
지방광역시	1억 4,649	2억 4,942	3억 6,991	3억 6,020
배수(가격 차이)	3.67	2.22	3.13	3.32

출처 : KB국민은행

레드핀(redfin.com)에 의하면 최근 미국에서는 코로나19로 인해 인구가 1~5만 명 수준의 소도시 주택에 대한 검색이 88%나 폭증하고, 자연환경이 좋은 교외(Suburban) 지역을 찾는 수요가 115%나 늘고 있다고 합니다. 미국도 밀레니얼(30대)세대들이 부모들의 주거지였던 교외를 벗어나 도심으로 몰렸으나 이런 추세가 다시 역방향으로 작용하고 있다는 의미입니다. 코로나19가 많은 것을 바꿔놓고 있습니다. 그럼 우리는 어떻게 될까요. 조심스럽지만 우리도 이런 트렌드가 적용될 가능성이 있지만 그 또한 서울 강남과의 접근성에 달려 있다고 봅니다. 일자리가 풍부하면서 자연환경이 좋고, 서울 강남과의 접근성이 좋은 곳은 수요가 더 몰릴 수도 있을 것입니다.

최근 판교가 송파 아파트의 가격을 넘어서고 있다는 소식이 들립니다. 판교신도시 대장주로 꼽히는 '판교푸르지오그랑블' 대형 면적 실거래가가 잠실 대표 단지 중 한 곳인 잠실엘스 실거래가를 2020년 5월 넘어선 것입니다. 잠실엘스 전용 119.93㎡ 매물은 직전 거래인 2020년 4월에 비해 2억 원가량 떨어진 21억 9,000만 원에 팔렸으나 판교푸르지오그랑블 전용 면적 117.51㎡은 2020년 2월 거래된 직전 거래가보다 2,000만 원이 오른 24억 5,000만 원에 거래되었습니다. 판교푸르지오그랑블이 30억 2,000만 원(2021년 7월)으로 여전히 잠실엘스 30억 원(2021년 6월)과 비교해 2,000만 원이 높습니다. 이는 코로나19 시대에 투자자들이 주의 깊게 지켜봐야 하는 현상 중 하나입니다. 판교알파리움의 미분양으로 골머리를 앓던 2013년 당시 누가 판교의 아파트가 잠실의 아파트 가격을 넘어설 것이라고 생각했을까요?

지금 매입하려는 당신의 아파트는 어느 지역, 어떤 아파트와 경쟁하고 있습니까?

부동산 양극화는
개인의 발전을 부릅니다

양극화란 서로 다른 집단이나 계층들이 점점 더 달라지고 멀어지게 되는 현상입니다. 불균형 성장 정책과 분배 구조의 악화에서 비롯된 소득 양극화가 그 원인이라는 지적이 많지만 이를 해소할 수 있는 방안을 찾기란 쉽지 않습니다. 아파트 시장에서도 이런 양극화 현상이 벌어지고 있는데, 가격대별 양극화가 대표적입니다. 높은 가격대의 아파트는 계속 오르는데 반해 낮은 가격대의 아파트는 오르지 않거나 낮은 상승률을 보입니다.

양극화되는 아파트 시장을 정확히 진단할 수 있는 지표가 있는데 바로 '5분위 배율'입니다. KB국민은행에서 발표하는 5분위 평균 아파트 가격순으로 5등분해 분류한 가격을 말하는데, 고가 아파트와 저가 아파트 간의 가격 격차를 나타내는 것입니다. 배율이 높을수록 가격 격차가 심하다는 것을 의미합니다. KB국민은행에 의하면 전국의 평균 아파트 가격 5분위 배율은 2017년 5월 4.7배에서 2023년 10월 기준 10.3배로 벌어졌습니다.

더 큰 문제는 전세 5분위 배율입니다. 마찬가지로 2017년 5월 5.0배였던 전세 5분위 배율은 2022년 5월에는 8.0배로 통계를 발표한 이후 가장 많이 벌어졌습니다.

〈전국 아파트 가격의 5분위 배율〉 (단위 : 배)

구분	평균 매매	평균 전세
2017년 5월	4.7	5.0
2023년10월	10.3	6.9

출처 : KB국민은행

우리는 일반적으로 무주택자와 유주택자 간의 차이를 고민하는데, 이런 고민은 유주택자들 사이에서도 마찬가지입니다. 주거선호지역과 높은 가격대의 아파트를 가지고 있는 경우와 그렇지 않은 경우는 차이가 많이 납니다.

지구상에 존재하는 대부분의 나라는 경제적 불평등과 양극화의 문제를 필연적으로 겪습니다. 인간은 누구나 자유롭고 평등하며 차별을 받지 않을 천부인권과 함께 부의 공정한 분배를 인류의 보편적 가치로 생각하지만, 안타깝게도 현실에서는 존재하기 힘든 이상향일 따름입니다.

양극화와 불평등을 당하면 화가 납니다. 사회가 양극화와 불평등으로 점철되어 있다는 것을 받아들이기 쉽지 않습니다. 하지만 공평함이 훼손되었을 때 우리가 느끼는 분노는 선사시대 사냥꾼이 먹이를 저장할 길이 없어 선택한 생존 방법에서 비롯되었을 가능성이 상당히 높습니다. 당시에는 무리 대부분이 식량을 저장하지 않았으며 저장할 능력도 없었기 때문입니다. 수십만 년 동안 공평하게 나누는 데 익숙한 개인이나 집단이 그렇지 못한 경우보다 오히려 더 성공을 거두었기 때문에 결과적으로 공평한 분배에 대한 믿음이 머릿속에 각인되었다는 것입니다.

양극화와 불평등에 화만 내고 있는 것은 어리석은 사고입니다. 심지어 이런 사고는 수렵 채집인의 생활로 돌아가자는 망상에 불과합니다. 먹이를 저장하지 못했던, 즉 자산축적이 불가능한 시대로는 절대 다시 돌아갈 수 없습니다. 적극적인 행동을 통해 양극화와 불평등의 덫에서 벗어나려는 노력이 필요합니다. 형태에 따라 다르지만 공공임대 주택에 거주하는 분들은 10년 이상 주거의 권리가 보장됩니다. 하지만 이런 안정적인 보장이 자신의 자산 형성에는 전혀 도움이 되지 않습니다. 10년을 임대아파트에서 편안하게 거주하는 동안 자산 가격은 터무니없이 많이 올라 있을 것입니다. 다시는 집을 살 수도 없고 자산을 모으기도 불가능할 것입니다. 계약갱신청구권도 마찬가지입니다. 법으로 보장되어 있는 세입자의 권리라고는 하지만 계약갱신청구권을 사용하면 4년 동안 자산 투자 시장에 참여할 수 없게 됩니다. 2017년 아파트 가격과 현재의 아파트 가격을 비교해보시기 바랍니다. 과연 계약갱신청구권을 사용한 결과가 자신에게 도움이 되었는지 판단하실 수 있을 것입니다.

프린스턴대학교의 경제학자인 앵거스 디턴(Angus Deaton)은 그의 저서 《위대한 탈출(The Great Escape)》에서 불평등이 어떻게 성장을 촉발시켰는지, 그리고 자본주의가 어떻게 지난 수십 년간 수많은 나라를 절대빈곤에서 탈출시켜 지구적 관점에서 불평등을 완화시켜왔는지를 일깨우고 있습니다.

우리는 불평등과 양극화를 자극으로 받아들여야 합니다. 체념이나 비난은 해답이 아니고 끊임없는 나락으로 떨어지는 늪일 따름입니다. 어려운 일이지만 늪에서 빠져나오기 위해서는 단계별 접근이 필요합니다. 먼저 행동으로 나서기 위해서는 알아야 합니다. 자산 투자에 대한 정보를 획득하는 노력이 요구됩니다. 시중에 나와 있는 다양한 부동산, 금융 관련 투자 서적들을 섭렵해야 합니다. 유튜브 중에 신뢰할 수 있는 전문가의 영상을 시청하는 것도 도움됩니다. 누워서 감이 떨어지기만을 기다리는 사람들의 특징은 게으르고 편향된 정보만을 본다는 점입니다. 제대로 된 자산 투자에 대한 정보를 확보하면 자연스럽게 행동으로 옮길 수 있습니다. 종잣돈은 필수입니다. 투자에 대한 마인드가 정립되면 종잣돈을 모으는 것부터 시작해야 합니다.

부동산 투자를 한다면 모델하우스를 방문하거나 개업공인중개사 사무소를 찾아보는 것이 시작이 될 것입니다. 행동으로 옮기다 보면 자연스럽게 투자를 하게 되고, 성공과 실패를 경험하게 됩니다. 처음에는 무리하지 말고 소액으로 그리고 내 집 마련 등에 집중하는 것이 좋습니다. 안타깝게도 고령화로 인해 이런 행동이 한 번에 그쳐서는 안 됩니다. 투자가 습관화되고, 생활화되는 것이 필요합니다. 예전 투자에 대한 복기(復碁)도 중요합니다. 실패만큼 도움이 되는 스승은 없기 때문입니다.

정보를 얻고, 행동으로 옮기고, 이를 습관화하는 노력을 기울인다면 우리 모두는 불평등과 양극화의 덫을 걷어찰 수 있습니다. 무주택자들로 구성된 온라인 커뮤니티인 '집값 정상화 시민행동'은 '집값'과 '전세값' 원상회복을 외치며 거리 시위에 나섰습니다. 양극화와 불평등이 만연한 사회

를 욕하면서 거리로 나서거나 악의적인 댓글을 쓸 시간에 모델하우스를
한 번 더 방문해보기를 추천합니다.

수요가 늘어나는 부동산에
투자하십시오

　부동산 투자는 수요와 공급의 지루한 심리 싸움입니다. 시간과의 싸움이라는 말입니다. 대부분 투자자는 시간과의 싸움에서 집니다. 너무 빠른 시기에 매도를 선택하든지, 기다리다 지쳐 팔고 나면 가격이 오릅니다. 너무 빨라도 안 되고 너무 늦으면 위험할 수 있습니다. 어깨에 사서 무릎에서 팔라는 주식 시장의 격언은 시간과의 싸움이 그만큼 어렵다는 의미입니다.

　주식 시장에서 시간과의 싸움에서 이기는 방법은 적립식으로 투자하는 것입니다. 투자 시점을 분산하면 시간이 고려 대상에서 사라지니 상품에 집중하게 됩니다. 상품에 집중하는 것이 가장 좋은 전략임을 모두가 알지만 극소수 투자자만 이렇게 행동합니다. 그러다 보니 적립식이라는 강제적인 방법을 동원하는 것입니다. 부동산도 마찬가지인데, 2015년에 투자한 상품과 2020년에 투자한 상품의 수익률은 다를 수밖에 없습니다. 상품도 중요하지만 타이밍을 무시할 수는 없다는 말입니다. 이러다 보니 자꾸 시간에 관심이 가고 상품보다는 타이밍에 집중하게 됩니다. 이런 박약한 의지를 북돋울 수 있는 방법이 있을까요.

부동산도 적립식으로 투자하면 좋겠지만 현실적으로 쉽지 않습니다. 분양권이 그나마 적립식 투자 방식에 근접하나 당첨 확률이 로또에 가까우니 고민하는 것이 좋습니다. 부동산은 상품의 특성상 단기보다 장기로 투자하는 것이 좋고, 장기로 가기 위해서는 상품을 잘 선택해야 합니다. 거래 비용도 많이 들고, 보유하고 있는 동안에도 꾸준히 비용이 들어갑니다. 묻어두고 고민하지 않으려면 상품에 대한 확신이 들어야 합니다. 좋은 상품이란 수요의 확장성이 뛰어난 상품입니다. 많은 사람들이 찾으면 좋은 상품이 되는 것입니다. 탁월한 경제학자였던 케인즈(John Maynard Keynes)도 미인대회를 예로 들면서 다른 사람이 좋다고(예쁘다고) 생각할 것 같은 주식을 선택하라고 했습니다. 수요의 확장성이 큰 상품은 대상 지역도 중요합니다. 하지만 꼭 지역만이 전부는 아닙니다. 상품 중에도 수요의 확장성이 큰 유형들이 있습니다.

수요의 확장성이 큰 대표적 상품이 토지입니다. 주거 상품 중에는 강남 아파트가 수요의 확장성이 클 것입니다. 하지만 아무리 강남의 아파트라도 매수자의 상당수는 강남 지역 거주자들입니다. 주택의 수요 확장 정도는 전국적으로는 20% 내외입니다. 특정 지역의 주택을 매입하는 10명 중 2명은 외지인이라는 말입니다. 지역적으로는 수도권은 외지인 매입 비중이 높고 지방은 낮습니다.

이에 비해 토지 수요는 전국적입니다. 제주 제2공항이 건설되는 지역의 외지인 소유 비중은 50%에 가까웠습니다. 이는 제주도 내의 소유자 비중과 큰 차이가 없었다는 말입니다. 물 반 고기 반에 가깝다는 말이겠지요. 이러한 현상은 제2공항 발표가 있기 전 3년 사이에 집중적으로 이뤄진 토지 거래의 결과라고 합니다. 이렇게 개발 이슈가 크게 부각된 지역의 경우 대부분 외지인 보유 비중이 급격히 늘어나기 일쑤이고, 개발 이슈가 부각되기 직전에 거래가 이뤄진다고 합니다. 그만큼 토지는 수요의 확장성이 큰 상품이라고 볼 수 있습니다.

주택도 마찬가지입니다. 수요의 확장성이 뛰어난 주거선호지역은 실수요와 투자 수요 모두에게 매력적입니다. 주거선호지역은 일자리가 풍부하고 생활 인프라가 뛰어나니 들어가서 살고 싶다는 수요가 탄탄합니다. 이에 더해 투자 대상으로서도 나쁘지 않습니다. 새로운 개발 이슈가 있는 지역에 비해 수익률은 높지 않지만 그래도 안정적이기 때문입니다.

강남처럼 초고가 아파트가 즐비한 지역도 수요의 확장성이 뛰어납니다. 소득 수준이 강남 아파트를 매입할 자산가가 아닌 분들이 훨씬 더 많은데 어떻게 수요의 확장성이 뛰어날 수 있을까요? 명품을 생각하면 쉽게 이해할 수 있습니다. 명품의 수요층은 전 국민입니다. 현재는 여건이 되지 않아 구입하지 못하지만 언젠가는 살 수 있다고 기대합니다. 즉 구매력이 뒷받침되는 유효수요가 아니더라도 가수요를 유도할 수 있으므로 수요의 확장성이 뛰어난 것입니다. 언젠가는 강남으로 진입하겠다는 분들이 주변에도 많습니다. 부동산의 확장수요는 갈아타기 수요인 경우가 많습니다.

고령화 시대를 맞이해 도심 등 주거선호지역에 대한 수요 확장성은 더욱 커질 것입니다. 주거선호지역 거주자 중 상당수는 은퇴(예정) 계층입니다. 그 지역이 본격적으로 개발되기 시작한 이후에 입주한 연령층이라는 말입니다. 일자리, 학군 등 생활 인프라 수준이 높아서 정착했지만 자녀들이 모두 분가한 이후에도 굳이 그 지역을 떠나지 않습니다. 다양한 커뮤니티가 지역 거주자들을 중심으로 이루어져 오히려 떠나기가 더 어렵습니다. 주택은 토지에 비해서는 수요 확장성이 떨어지지만 그래도 가장 확장성이 높은 곳을 선택하는 것이 중요한 이유입니다.

역세권의 중요성이
커집니다

역세권이란 역(기차역, 지하철역 등)을 중심으로 다양한 상업 및 업무활동이 이뤄지는 지역을 말합니다. 널리 쓰이는 용어임에도 불구하고 역세권의 범위에 대해서는 정확한 정의가 없습니다. 이 역세권이라는 의미가 더 크게 적용되는 곳은 도시입니다. 도시에서의 역은 일상적 이동수단으로서 큰 비중을 차지할 뿐만 아니라 환승 기능 등으로 인구 이동을 유발합니다. 역세권에서는 상업, 업무, 숙박 등의 기능이 이뤄지며, 주거 기능이 자리 잡으면서 복합적인 성격을 띠게 됩니다.

역세권이 중요한 이유는 대중교통을 이용하는 사람이 늘어나고, 이에 더해 철도(지하철)를 이용하는 사람은 더 많이 늘어나기 때문입니다. 더 중요한 시간대는 출퇴근 때입니다. 2022년 서울시 통계에 의하면 출퇴근 시간대 지하철을 이용하는 시민들의 비중은 무려 56.3%입니다. 버스는 39.4%에 불과합니다. 그리고 지하철이나 철도를 이용하는 시민들의 비중은 계속 늘어나며 버스나 승용차는 줄어드는 것으로 나타났습니다. 이러한 현상은 철도(지하철) 인프라가 잘 구축되어 있는 대도시에서 특히 두드러집니다.

역세권의 중요성, 수요와 공급 측면에서 모두 커질 듯

역세권의 범위에 대해서는 대략 역 주변 반경 500미터라고 알려져 있습니다. 다행히 서울시에서 이를 규정한 기준(역세권 장기전세주택 건립 관련 지구단위계획 수립 및 운영 기준)이 있는데, 1차 역세권은 역 승강장 중심에서 250미터 이내의 범위로 하고, 2차 역세권은 역 승강장 중심 반경 250미터에서 500미터 이내의 범위로 설정하고 있습니다. 상권 분석에서 사용하는 1차 상권, 2차 상권과 유사한 개념입니다. 1차 역세권은 상권이 훨씬 좋아 더 많은 고객을 확보할 수 있고, 2차 역세권은 1차 역세권에 비해서는 고객 확보율이 떨어집니다.

역세권은 향후에도 그 중요성이 더욱 커질 듯합니다. 수요 측면에서도 그렇고 공급 측면에서도 그렇습니다. 수요 측면에서는 고령화 때문에 멀리 나가서 소비하지 않는 경향이 커지기 때문입니다. 신한카드의 자료에 따르면 500미터 이내에서 장을 보는 비중은 2014년 37%에서 2017년 45%로 증가했습니다. 역세권이라고 알려진 대략 500미터 안에서 커피전문점을 찾는 비중 또한 2014년 8%에서 2017년 15%로 증가했습니다. 주거지 주변 슈퍼들은 영업 환경이 갈수록 악화되는 데 반해 편의점은 출점 수를 늘리고 있는 이유도 이렇게 역세권 주변의 소비가 증가하기 때문입니다.

〈자택 반경 소비 동향〉

구분	500미터 이내	5킬로미터 이상
2018년	16.1%	54.4%
2021년	21.2%	49.0%

출처 : 비씨카드

2021년 6월 한경-비씨카드 빅데이터 분석에서도 비슷한 결과가 나왔습니다. 전체 비씨카드 결제 건수 중 소비자의 자택 반경 500미터 이내 상권의 결제 건수 비중은 21.2%로 2018년 같은 시기와 비교하면 5.1%포인트 증가했습니다. 반면 집에서 거리가 멀어질수록 카드 결제 건수 비중은 줄어들었습니다. 같은 시기 전체 비씨카드 결제 건수 중 소비자 자택 반경 5킬로미터 밖 상권에서 나온 결제 건수 비중은 49.0%로 2018년 같은 시기에 비해 5.4%포인트 감소했습니다.

코로나19의 확산 또한 이런 추세를 강화했습니다. 고강도 사회적 거리두기가 시행된 2020년 3~4월 기간 동안 롯데카드가 고객 10만 명의 신용카드 결제 데이터를 분석했더니, 고객 집 주소와 가맹점과의 거리에 따른 오프라인 가맹점 결제 건수를 전년과 비교한 결과 500미터 내에 있는 가맹점에서의 결제는 8.0% 증가한 반면 3킬로미터가 넘는 원거리 가맹점에서의 결제는 12.6%나 감소했다고 합니다.

이렇게 집 주변 소비가 늘어나는 가장 큰 원인은 고령화입니다. 고령화가 진전될수록 집 밖을 벗어난 소비는 크게 이루어지지 않습니다. 오죽하면 트렌드로 홈이코노미(Home+Economy)를 꼽았을까요. 이런 트렌드가 부정적인 용어로도 쓰입니다. 일본은 도심 외곽의 신도시들이 몰락하면서 쇼핑시설이 너무 멀리 있어 돈이 있어도 이를 이용할 수 없는 '구매난민'까지 생겼다고 합니다. 이들의 숫자가 600만 명에 이른다니 심각한 사회문제가 아닐 수 없습니다.

공급 측면에서도 마찬가지입니다. 문재인정부 들어 복지예산을 늘리면서 SOC예산이 대폭 줄어들었습니다. SOC는 도로, 철도, 항만 등 사회간접자본을 의미하는데, 이런 곳에 투자가 지연 또는 이루어지지 않는다면 기존 역세권의 중요성은 더욱 커질 수밖에 없습니다. 정부는 도로의 공공성을 외치지만 정작 도로의 양적, 질적 서비스는 계속 악화되고 있습니다. 도로 연장과 교통량은 꾸준한 증가 추세를 보이고는 있지만 2010년과 비교하면 교통량 증가는 20.5%, 도로 연장은 5.4%에 그쳤습니다. 코로나19가 기승을 부리던 2021년 상황도 크게 달라지지 않았습니다. 코로나19의 영향으로 평균 교통량이 줄었음에도 불구하고 상황은 크게 개선되지 않고 있습니다.

〈교통량 vs 도로 연장〉

구분	평균 교통량	도로 연장
2010년	12,733대	105,565Km
2019년	15,348대	111,314Km
2021년	15,747대	113,405Km

출처 : 국토교통부

문재인정부 이후 교통 인프라 취약해질 듯

앞으로 교통 인프라는 심각한 문제에 직면할 것입니다. 줄어든 예산으로 인한 피해가 당장 눈에 보이지는 않겠지만 계속 교통 인프라를 줄일 경우 특정 지역은 교통 대란에 가까운 문제가 발생할 수 있습니다. 고령화 국가인 일본은 지자체가 돈이 없어 교통 인프라를 구축하지 못하는 상황이 발생하자 젊은 층과 부유한 중장년층이 그 도시를 미련 없이 떠났다고 합니다. 예산 확보가 어려워진 지자체가 교통 인프라에 투자하지 않으면서 10분에 한 대 도착하던 버스가 30분, 한 시간으로 배차 시간이 벌어지면서 교통 난민을 양산해내고 있다고 합니다. 이런 이유로 그나마 역세권 주변에서만 아파트가 분양되고 역세권에서 분양된 아파트만 제값을 받는 사태가 벌어지고 있습니다.고령화와 교통 인프라 간의 상관관계는 상당히 강한 편입니다.

따라서 향후 10년 동안은 역세권에 투자하는 것이 바람직할 것입니다. 역세권은 관련 노선이 신설되어 생기는 경우도 있고, 연장되어 생기는 경우도 있습니다. 연장 노선이 오히려 실현 가능성이 크고, 신설 노선은 건설의 주체가 누구냐에 따라 확실성 여부를 가려서 투자해야 할 것입니다. 마지막으로 철도(지하철)가 부동산 가격에 미치는 영향에 대한 논문을 언급하고자 합니다.

〈아메리칸 이코노믹 리뷰(American Economic Review)〉에 발표된 논문인데, 1870년부터 2012년까지 무려 140년에 걸친 14개 국가의 실질 부동산 가격의 흐름을 조사한 결과 부동산 가격은 장기적으로 상승할 가능성이 크다는 결론을 얻었습니다. 제1차 세계대전이 발생하기 직전이던 1913년을 기준 시점(100)이라고 가정하면, 1960년 실질 부동산 가격은 148에 불과했습니다. 그런데 1980년이 되면 326, 2000년은 427, 그리고 2016년에는 무려 512에 이릅니다. 한마디로 말하면 1960년까지 세계 부동산은 물가 상승률을 따라가기도 버거울 정도로 오르지 않았으나, 그 이후부터 가파른 상승률을 보였습니다. 연구자들은 철도 건설의 중단에 주목했습니다. 1950년대까지 선진국들은 철도 건설에 열을 올렸으나 1960년대부터 자동차가 교통의 주역이 되면서 철도 자리를 도로가 대체하는 일이 일어났습니다. 결과적으로 전 세계 주요국의 철도 총연장은 60년 넘게 오히려 줄어들고 있습니다. 철도를 더 이상 공급하지 않으면 기존의 역세권 부동산 가격은 더욱 오를 수밖에 없습니다. 역세권을 늘리는 기능을 가장 크게 담당하는 교통수단은 철도이기 때문입니다.

상급지 이동으로 부동산 자산의 구매력 가치를 유지해야 합니다

성장주 투자 이론으로 잘 알려진 필립 피셔(Philip Arthur Fisher)는 《보수적인 투자자는 마음이 편하다(Conservative Investors Sleep Well)》라는 책에서 보수적으로 투자한다는 것은 최소한의 리스크로 자신이 가진 자산의 구매력을 가장 잘 지키는 것이라고 했습니다. 비단 보수적인 투자자만 그럴까요. 모든 투자자는 자신이 투자하는 자산의 구매력(Purchasing Power) 가치를 생각해야 합니다.

우리는 부동산 자산의 가치를 올리기 위해 노력합니다. 가장 기본이 되는 투자 행위는 경쟁력 있는 부동산을 매입하는 것입니다. 문제 있는 부동산을 매입한 이후에 가치를 올리는 것은 쉽지 않습니다. 수많은 단톡방에서 자신들의 아파트 단지를 홍보하지만 사후약방문(死後藥方文)이 되는 경우가 허다합니다. 여기서 유의해야 하는 사항은 부동산 자산의 가치를 올리는 것이 아니라 부동산 자산구매력의 가치를 올려야 한다는 사실입니다.

무슨 말장난인가 싶겠지만 부동산 '자산의 가치'와 부동산 '자산구매력의 가치'는 다른 말입니다. 자산의 가치는 비교 대상이 없고 체계적인 (Systematic) 수익과 위험만 존재한다고 인식됩니다. 체계적인 수익과 위험은 시장의 평균적인 수익과 위험을 의미합니다. 이는 부동산 자산의 평균 매매 가격 상승률로 실현될 수 있을 것입니다. 한국감정원에 의하면 2022년 전국 아파트 매매 가격은 7% 이상 하락했지만 2021년에는 무려 13.19% 상승했다고 합니다. 이 상승률이 바로 자산 가치 상승률이라고 이해하면 됩니다.

비교 대상이 존재하는 구매력의 가치를 따져야 합니다

반면 자산구매력의 가치는 비교 대상이 존재합니다. 개별 부동산이 가지는 비체계적인 수익과 위험이 됩니다. 구매력의 가치는 내가 가진 아파트를 매도하고 다른 아파트를 매수할 수 있는가로 좌우됩니다. 자산이 가지고 있는 중요한 특성을 반영한다고 볼 수 있습니다. 일반 상품도 중고거래로 구매력의 가치를 일정 부분 인정받을 수는 있지만 그 가치는 일부에 그칩니다. 반면 자산은 중고거래임에도 불구하고 그 가치가 높아지는 경우가 많습니다. 이는 아파트와 같은 부동산만이 아니라 주식과 같은 금융 자산에도 적용됩니다. 내가 보유한 주식을 팔고 현금화시킨 후 그 금액으로 내가 원하는 다른 주식을 매입하는 데 문제가 없다면 그 주식은 구매력의 가치를 유지했다고 볼 수 있습니다. 하지만 내가 보유한 아파트를 팔고 여타 지역으로 이동하기 힘들다고 하면 그 부동산은 자산으로서의 가치는 유지할 수 있을지 몰라도 자산구매력의 가치는 떨어졌다고 판단해야 합니다.

자산구매력을 평가할 때의 비교 기준은 금리가 됩니다. 금리보다 높은 수준의 수익을 창출했으면 여타 자산으로 갈아타는 데 큰 문제가 없습니다. 하지만 지금과 같이 금리가 갑자기 올랐을 경우 단순히 금리로 자산구매력의 가치를 평가하는 것은 적절치 않습니다. 금리와 비교해 상승률을 판단해야 하는 자산은 투자 가치가 크지 않기 때문입니다.

상급지로 이동해야 아파트의 구매력 가치를 유지할 수 있습니다

구매력의 가치를 계속 유지, 증가시키기 위해서는 좋은 상품을 보유하고 있어야 합니다. 서울 아파트의 경우는 흔히 말하는 3도심 내 지역을 의미합니다. 하지만 도심은 이미 비싸고 어지간한 중산층들도 진입하기가 힘듭니다. 중간기착지를 생각할 필요가 있습니다. 7광역중심이 바로 중간기착지가 될 수 있습니다. 용산, 청량리·왕십리, 창동·상계, 상암·수색, 마곡, 가산·대림, 잠실 등 7개 지역이 바로 광역중심입니다. 광역중심은 다양한 중심 기능이 집적된 '결절점(Node)'으로 도심의 차하위 중심성을 갖는 과거 부도심과 유사합니다. 그리고 서울시 전체 대비 업무·상업 용도가 특화되어 있습니다. 일자리가 많은 직주근접이 가능한 지역입니다. 7광역

중심 중 상암·수색이 업무 기능이 특화되어 있고 빠른 성장세를 보였으나 현재는 마곡의 발전 속도가 무섭습니다.

〈중심지별 용도 비중〉 (단위 : %)

구분	지역	업무	상업	주거
도심	한양도성, 강남, 영등포·여의도	31	25	22
광역중심	용산, 청량리·왕십리, 창동·상계, 상암·수색, 마곡, 가산·대림, 잠실	19	23	19

출처 : '서울시 광역중심 기능 진단과 육성 방안'

현재 보유한 아파트가 3도심과 7광역 중심에 존재한다면 문제가 없지만 그렇지 않다면 이들 지역으로 갈아타는 것을 추천합니다. 주거선호지역(상급지)으로 이동해야 하는 이유는 자산구매력의 가치를 유지하고, 더욱 상승시켜나가야 하기 때문입니다. 거주 중인 아파트를 팔고 주거선호지역으로 이동할 수 없다면 자산의 가치는 유지되고 있을지 모르지만 자산구매력의 가치는 떨어진 것입니다. 서울의 아파트를 보유하고 있으나 팔고 나면 경기도의 아파트도 살 수 없는 경우 상급지로 이동해야 합니다. 무주택자는 당연히 집을 사야 하지만 1주택자들의 경우에도 자금계획을 세우고 시간을 갖고 이런 투자 행위를 계속해야 합니다. 단기간에 주거선호지역으로 이동하기 힘들더라도 꾸준히 이런 노력을 기울여야 한다는 말입니다.

2022년 합계출산율은 0.78명대입니다. 코로나19 확산에 따른 추가 충격을 고려한다면 조만간 이보다 더 낮아질 가능성도 존재합니다. 이제는 인구 감소가 아닌 지역소멸을 걱정해야 합니다. 일본의 사례를 본다면 10

년 후 아파트 시장의 가장 큰 투자 변수는 직주근접이 될 것입니다. 고령화를 우리보다 먼저 겪은 일본 도쿄 도심의 타워맨션(우리나라의 주상복합에 해당)은 오히려 가격이 오르는 중입니다. 10년 후를 생각한다면 자산 가치가 아닌 자산구매력의 가치를 명심해야 할 것입니다.

5장.

다시 기본으로

지금은 시황보다는
매물에 집중할 때입니다

생각보다 빠르게 주택 시장이 반등하는 중입니다. 한국부동산원에 의하면 서울 아파트 가격은 2023년 7월 2째주부터 연속 상승하며 바닥론이 확산되고 있습니다. 부동산R114에 의하면 서울 아파트 가격은 전 고점 대비 87%선까지 올라선 것으로 나타났습니다. 서울의 핵심 주거선호 지역의 경우 금리 인상 등의 영향을 크게 받지 않았으며, 고점 대비 가격 회복 또한 빨라 시세 상승을 주도하는 중입니다.

하지만 여전히 주택 시장을 불안하게 바라보는 주택 수요자들도 있습니다. 실수요자들이 주도하는 현재의 주택 시장의 경기 상황은 그리 좋지 않습니다. 경제 성장률은 1%대이며 글로벌 경제회복이 지연되면서 우리의 수출 또한 빨리 회복하지 못하는 중입니다. 특히 생애 최초로 내 집 마련에 나서는 주택 수요자들은 이런 상황에서 섣부르게 의사결정을 하지 못할 것입니다.

여러 부정적인 요인이 있음에도 불구하고 '토지 임대부주택'과 같은 상품에 청약이 몰리고 있다는 사실은 시장 상황을 그리 긍정적으로 인식하지 못하는 주택 수요자들이 그만큼 많다는 방증입니다. 정부와 시세차익을 나누는 뉴홈의 나눔형이 흥행하는 이유 또한 마찬가지입니다.

지역과 단지별로 차이가 있지만 평균적으로 실거래가는 20~30% 정도 하락했습니다. 문제는 앞으로도 더 가격이 떨어질 것인가의 여부입니다. 시장을 긍정적으로 바라보면 더 이상의 하락은 없을 것이라고 예상하지만 무주택자는 부정적으로 시장을 바라볼 수밖에 없는 위치에 있습니다. 과거보다 더 오른 금리와 주택 가격은 판단을 보류하게 만듭니다.

하지만 지금은 주택 시장의 동향보다는 매물에 집중하는 것이 필요합니다. 최근 주택 시장에 대해 바닥인가 무릎인가의 논란이 있지만 이는 시황에 불과합니다. 매물은 바닥인 것도 있고 무릎인 것도 있습니다. 즉 아직도 더 떨어져야 하는 매물도 있지만 더 이상 떨어지기 힘들만큼 하락한 매물들도 있습니다. 매물의 개별성이 극대화된 상황이라는 말입니다.

어차피 주택의 거래는 일대일 매칭입니다. 주택 시장에는 다수의 매수자와 다수의 매도자가 존재하지만 거래가 체결되는 순간에는 하나의 매수자와 하나의 매도자가 있을 뿐입니다. 지금은 숲보다는 나무를 봐야 하는 시간입니다. 타이밍보다는 매물에 집중하는 것이 좋습니다. 30% 이상이 하락한 진성 급매물을 선택하게 되면 바닥이냐 아니냐의 논란에서 자유로워집니다. 앞으로 주택 시장이 더 하락할 것인가 아닌가에 쓸데없이 신경 쓰지 말고 좋은(가격이 많이 하락한) 매물을 선택하는 것이 최선입니다.

〈시황별 투자 전략〉

구분	상승기	조정기
투자 전략	타이밍	매물
투자 방향	리스크 감수	리스크 회피

출처 : 저자 작성

이런 측면에서 재건축·재개발 사업지에서 나오는 급매물은 매력적입니다. 지난 3년 동안 조합설립에서 사업시행인가까지 힘들게 정비사업을 추진해온 사업장의 경우에도 가격이 30% 하락한 곳들이 많이 있습니다. 그냥 30% 하락한 일반 아파트에 비해 재건축·재개발 사업의 중요한 고비를 넘긴 이런 사업장들이 30% 하락했다면 거의 50% 수준으로 하락했다고 볼 수 있습니다. 왜냐하면 통상적으로 조합설립에서 사업시행인가를 받는 단계가 가장 어려우며 이 과정을 무사히 넘겼을 경우 적어도 그 정도 수준에서 가격이 오르기 때문입니다. 따라서 이런 매물들은 바닥이냐 아니냐를 따질 이유가 없습니다.

혼란스러운 주택 시장 상황으로 인해 주택 수요자들은 그 어느 때보다 방향을 잡기 어려울 것으로 생각합니다. 하지만 급격한 금리 상승과 터무니없는 주택 시장의 규제로 인해 일시적으로 하락한 주거선호지역의 급매물의 경우 내 집 마련에는 최선의 대안이 될 수 있습니다. 시황보다는 희망하는 매물에 집중하기를 바랍니다.

DSR 유감

2023년 7월 4일 정부에서 발표한 '2023년 하반기 경제정책방향'에 보증금 미반환 문제를 해결하기 위해 1년간 한시적으로 전세보증금 반환목적 대출에 한해 '총부채원리금상환비율(DSR)' 40% 대신 '총부채상환비율(DTI)' 60%를 적용하기로 하면서 철옹성 같았던 DSR이 완화되었습니다.

DSR(Debt to Service Ratio)은 2017년 도입계획을 발표하고, 2018년 3월 은행권부터 순차적으로 시범운영을 시작했습니다. DSR은 소득 대비 부채의 비중을 나타내는 지표이나 국가별로 사용하는 용어나 산출 방식에 차이가 있습니다. 핵심은 차주가 대출을 상환할 수 있는지 그 능력을 판단하는 기준이라는 점입니다. 기존에 도입되었던 DTI보다 DSR이 상환 능력을 보다 엄밀하게 측정할 수 있는 지표로서 금융위기 이후 선진국들도 LTV보다는 DSR을 더 빠르게 정책에 활용하고 있습니다.

DSR 도입 이전까지 일선 금융회사의 가계대출 취급 과정에서 상환 능력 심사가 충분히 이루어지지 못했던 측면이 있었습니다. 그 결과, 차주의 상환 능력을 벗어난 과잉 대출이 취급되거나 담보 가치(LTV)에만 의존해 대출이 이루어지는 경우가 있었고, 제2금융권이라고 언급되는 상호금융이나 저축은행 등에서는 도입 당시 각각 261.7%나 111.5% 등 전체 DSR이 상당히 높게 산출되었습니다. 따라서 가계부채 증가로 인해 DSR 적용과 관리가 필요한 사항이나 개정의 필요성 또한 있습니다.

이번에 도입된 전세보증금 반환 목적의 대출 규제 완화가 대표적입니다. 지원 대상과 대출 금액 그리고 대출 관리까지 명확함에도 불구하고 언론과 방송에서는 부정적인 여론도 있습니다. 하지만 이 대출 규제 완화는 임대인뿐만 아니라 임차인들에 대한 정책입니다. 임대차 시장의 리스크를 관리하기 위한 방안으로 생각하는 것이 합당할 것입니다.

IMF가 분류한 17개 거시건전성 정책 중 규제적 성격의 주택담보대출 정책이라고 할 수 있는 △LTV, △DSR, △대출제한 정책을 모두 사용하고 있는 선진국은 캐나다, 한국, 싱가포르 등 3개국밖에 없습니다. 심지어 오스트리아, 벨기에 등은 3가지 중 어떤 정책도 시행하고 있지 않습니다. 네덜란드와 영국은 2가지, 심지어 호주, 프랑스, 미국 등도 1가지 정도 정책만 사용하고 있습니다. 규제는 단순화해야 적용받는 대상들이 느끼는 혼란이 줄어들고 실효성이 높아집니다. 최근 규제지역을 단순화하자는 논란도 이런 이유가 큽니다. 따라서 주택담보대출 정책도 DSR에 맞춰 일원화하는 것이 필요합니다.

이렇게 3가지 정책을 모두 사용할 경우 정책의 중복문제 또한 발생할 수 있습니다. 선진국의 경우 2019년 현재 평균적인 LTV한도는 85.1% 수준입니다. 우리나라의 거의 2배 수준입니다. 문제는 LTV가 낮은 상황에서 DSR이라는 강력한 중복규제가 적용되면 실수요자들이 피해를 볼 수도 있다는 사실입니다. 중복에 따른 문제점을 면밀히 살펴야 합니다.

너무 자주 정책이 바뀐다는 점도 문제입니다. 선진국 중 주택담보대출 정책을 빈번하게 조정하는 국가는 대부분 아시아권인데 그중 한국은 타의 추종을 불허합니다. 2021년 말에 발표된 국토연구원의 자료에 의하면 한국의 LTV한도는 총 14회, DSR(DTI) 13회, 대출제한 정책 총 3회가 변경되었습니다. 정책의 잦은 변경은 규제의 안정성과 지속성 측면에서 혼선이 제기될 수 있습니다. 향후 DSR 중심의 가계부채 관리가 지속된다면 그에 맞는 LTV나 대출규제 정책을 다시금 점검할 필요가 있습니다.

DSR이라는 정책은 강력한 규제이지만 주택담보대출의 기본은 LTV입니다. 우리나라는 주요국과 비교해 가계부채 중 주택담보대출 비중이 낮은 편이라 실수요자들이 피해를 보지 않도록 LTV한도를 차주별 특성에 맞게 완화하는 방안도 함께 검토했으면 합니다.

아파트 커뮤니티 과잉시대

아파트를 고를 때 여러 요소를 파악해야 하지만 커뮤니티 시설도 중요한 변수가 되고 있습니다. 피트니스센터와 골프 연습장은 기본이고 수영장, 영화관, 클라이밍 등 고급 호텔을 뺨치는 시설도 어색하지 않습니다. 아파트 단지를 벗어나지 않아도 어지간한 생활이 가능해 단지 내에서만 움직여도 큰 문제가 없습니다. 입주자라면 이 모든 커뮤니티 시설 대부분을 무료로 이용하거나 비용을 부담해도 외부 시설과 비교하면 훨씬 저렴합니다. 바야흐로 커뮤니티 전성시대라고 할 수 있습니다.

아파트 커뮤니티 시설(주민공동 시설)은 법적 의무화 때문에 설치되기 시작했습니다. 우리나라에서는 150세대 이상은 경로당과 어린이 놀이터를, 300세대 이상은 어린이집이 추가로, 500세대 이상은 주민운동 시설과 작은 도서관을 추가로 설치해야 합니다. 최근에 입주하는 아파트 단지를 살펴보면 법에 정한 최소한의 주민공동 시설 이 외에도 다양한 커뮤니티 시설과 서비스를 제공하고 있습니다. 비용이 들어감에도 불구하고 왜 추가 공간에 추가 비용을 지출하면서까지 커뮤니티 시설을 짓는 걸까요?

사실 아파트란 상품은 획일적이어서 차별화하기가 쉽지 않습니다. 잘 짓는다는 기준도 애매합니다. 따라서 차별화된 커뮤니티 시설을 보유한다는 것은 청약 시장에서도 우선적으로 선택받을 수 있는 가장 획기적인 강점이 될 수 있습니다. 사실 커뮤니티 시설의 고급화가 시작된 시점은 2010년대라고 볼 수 있습니다. 글로벌 금융위기 상황으로 분양이 어렵게 되자 커뮤니티 시설을 특화하게 됩니다. 현재는 커뮤니티 시설이 입주민들의 사회적 지위를 상징하는 아이콘이 되어 갑니다. 고급화된 커뮤니티 시설은 아파트 브랜드 가치를 높이고 거주하는 입주민들의 만족도 제고에도 도움이 됩니다. 이렇게 형성된 아파트 자산은 곧 집값과도 직결되며 사회적 지위는 덤이 됩니다.

고령화에 따른 문제도 있습니다. 활동량이 떨어지는 노인세대는 아파트 단지 주변으로 생활 반경이 줄어들기 때문에 커뮤니티 시설에 대한 요구가 클 수 있습니다. 하지만 국내 실버타운, 즉 노인복지주택이나 유료 양로시설은 턱없이 부족하니 필요한 기능들이 아파트 내부로 들어올 수밖에 없습니다. 케이터링(조·중식) 서비스가 입주민들에게 크게 환영받는 이유입니다.

커뮤니티 공간을 개인 세대에서 마련한다는 것은 현실성이 없습니다. 따라서 아파트 커뮤니티 시설은 공간 효율성을 극대화한 것입니다. 좁은 집안에 필요한 공간을 모두 넣게 되면 기능별 공간이 적어지게 됩니다. 반면 커뮤니티 시설에 필요 공간을 넣으면 공간별로 넓고 쾌적하게 만들 수 있습니다. 공간은 서비스로의 확장 가능성을 높입니다. 조식과 중식 서비스가 대표적입니다. 합리적인 가격에 멀리 이동하지 않더라도 식사가 가능합니다. 가끔씩 필요한 파티룸, 레슨방, 게스트룸 또한 공용 공간에 마련하는 것이 훨씬 비용이 저렴하면서 편리하게 이용할 수 있습니다. 아파트 커뮤니티 시설은 장점만 있을까요? 물론, 단점도 많이 있습니다.

먼저 비용을 누가 부담하느냐의 문제가 제기될 수 있습니다. 시설을 유지하는 데 비용이 들어가면 누군가는 이를 부담해야 합니다. 커뮤니티 시설을 이용하는 사람이 부담하는 것이 가장 좋겠지만 이용자가 별로 없는 경우에는 문제가 발생할 수 있습니다. 시설을 폐쇄하느냐 아니면 아파트 관리비로 일괄 부담시키는 한이 있더라도 유지하는 것이 좋으냐로 다툼이 있을 수 있습니다.

위화감을 부추긴다는 논란도 있습니다. 과거의 아파트는 가격이 다르더라도 단지 내 시설은 큰 차이가 없었지만 현재는 새로 지어진 대규모 아파트 단지의 경우 호텔식 편의시설로 오래된 아파트와 비교가 안 됩니다. 따라서 오래되었거나 나홀로 아파트의 경우 낡고 빈약한 편의시설로 상대적 박탈감이 심해질 수 있습니다. 아파트 단지 내에 분양과 임대를 함께 조성하는 소셜 믹스(Social Mix)를 통해 이런 차이를 줄이려는 노력이 있지만 극히 최근의 일이고, 예전 아파트에 거주하는 분들은 그림의 떡입니다.

울타리가 쳐진, 보다 더 안전하고 사생활 강화에 중점을 둔 게이티드 하우스(Gated House)가 부각될 수 있습니다. 외부와의 단절로 자신만의 라이프 스타일을 만든다는 해외의 게이티드하우스가 국내에는 커뮤니티 시설로 인해 만들어질 수 있다는 말입니다. 출입문이 있는 아파트는 일반적으로 보안요원이나 전자출입 시스템을 갖춘 통제된 접근 지점이 있어 허가받지 않은 개인이 지역 사회에 들어오는 것을 막을 수 있습니다.

과거 단독주택이 주류의 주거 상품일 때는 마을에 커뮤니티 기능을 담당하는 곳이 개별적으로 있었습니다. 마을 주민들은 언제든지 만나고 소통할 수 있었습니다. 공동우물이 대표적입니다. 하지만 이제는 마을공동체가 개별 아파트 단지로 바뀌면서 지나치게 폐쇄적이고, 이기적인 공간으로 바뀌어가고 있습니다. 서울 아파트의 거주 비율은 40%를 조금 넘을 따름입니다. 나머지는 이런 커뮤니티 시설에서 소외될 수밖에 없다는 말입니다. 나만의 커뮤니티 시설은 과연 좋기만 한 걸까요?

차 없는 거리는
행복할까요?

서울 서대문구 연세로의 '차 없는 거리' 지정을 놓고 서울시와 서대문구가 정면충돌의 양상을 보이고 있습니다. 연세로는 9년 전 서울에서는 첫 '대중교통 전용지구'로 지정된 곳입니다. 대중교통전용지구란 도로 전체를 시내버스나 노면전차 등 대중교통과 보행자만 다닐 수 있도록 조성한 교통 시설을 말합니다. 자가용 통행이 24시간 차단되며 일부 조업 차량과 준(準)대중교통은 제한적으로 진입이 허용됩니다. 국내에는 2009년 12월 대구광역시 중앙대로 반월당네거리~대구역네거리 구간에서 최초로 지정되었으며 2012년 8월에는 서울특별시에서 이를 벤치마킹해 서대문구 연세로 일대에 조성했습니다.

서대문구는 2018년 이후 연세로 인근 상권이 크게 위축되자 지역 상인들의 의견을 들어 서울시에 대중교통전용지구 해제를 요구했습니다. 이에 서울시는 2022년 1월 20일부터 2023년 9월 30일까지 임시로 모든 차량 운행을 허용하는 정책 실험을 벌여 향후 운용 방향을 결정할 예정입니다. 서대문구는 해당 기간 상권 활성화 효과가 확실했다는 입장입니다. 연구에 의하면 대중교통전용지구가 일시 해제된 이후 매출액이 22%나 증가했다고 합니다. 같은 기간 다른 유사 상권의 매출 증가율(-4.1~11.5%) 대비 연세로 상권이 가장 활성화되었다는 분석입니다. 승용차가 다녀도 교통 혼잡도 없었다는 것이 서대문구청의 입장입니다.

반면, 서울시는 일단 대중교통전용지구 운영을 재개한 뒤 2024년 6월 '차 없는 거리' 최종 운영 방향을 확정할 계획입니다. 연세로 상권의 매출은 기저효과일 가능성이 있고, 보행권과 온실가스 감축 효과를 고려한다면 섣부른 해제는 적절치 않다는 판단입니다.

지자체마다 차 없는 거리 조성을 위해 노력하고 있습니다. 보행자 중심의 도시환경 개선을 통해 시민들이 안전하고 편리하게 걷고 싶은 '보행 친화 도시'의 기반을 조성하기 위한 목적입니다. 하지만 대다수의 연구에서는 장기간 연속적으로 시행한, 차를 배제한 거리는 상권 활성화에 나쁜 영향을 미친다는 결과를 보여줍니다. 자동차를 배제한 보행환경 개선이 아니라 자동차와 공존하는 보행환경 개선이 목표가 되어야 합니다. 보행환경 개선 사업은 시민과 함께 자동차 운전자, 상인들 모두에게 도움이 되어야 합니다. 하지만 안타깝게도 보행환경에 대한 만족도는 높으나 주변 상가의 매출 증가에는 부정적인 의견이 많았습니다.

해외에서도 차 없는 거리 행사를 추진하지만 단속적으로 단기간 실시합니다. 파리시는 파리 중심부의 세느강을 따라 7월 중순에서 8월 중순까지 약 한 달 간 시행합니다. 파리 방문객들, 더불어 휴가를 떠나지 못한 시민들에게 색다른 즐거움을 주고자 하는 목적입니다. 런던시도 노우드 하이 스트리트(Norwood High Street)에서 매년 9월 하루 동안 승용차가 없는 날을 운영합니다. 시간대도 2시에서 5시 사이로 제한합니다. 뉴욕의 서머 스트리트(Summer Street)도 매년 8월 3번째 토요일 오전 7시에서 오후 1시까지 센트럴파크에서 브루클린 다리에 이르는 구간에서 실시합니다. 우리처럼 메가시티에서 장기적·연속적으로 시행하는 경우는 거의 없습니다. 이미 승용차가 대규모로 보급되고 자동차를 이용하는 것이 습관화된 현대인에게 차량을 배제한 거리는 역효과를 불러일으킬 수 있습니다. 자동차와 보행자의 공존이 해답일 것입니다. 차 없는 거리 사업의 전면적인 재검토가 필요합니다.

다행히 대구는 일부 구간을 해제하는 방안을 추진하고 있습니다. 2009년 전국 1호 대중교통전용지구로 지정된 지 무려 14년 만입니다. 쇠퇴하는 동성로 상권 활성화를 위한 대책입니다. '동성로 르네상스 프로젝트'의 일환으로 중구 중앙로 대중교통전용지구 일부 구간(중앙네거리~대구역네거리)으로 2024년 상반기부터 1년 정도가 유력합니다. 대구 동성로의 대중교통전용지구 지정으로 대중교통 이용객 증가 및 보행환경 개선 등에서 일부 성과를 거뒀지만, 일대 상권은 침체에 빠졌습니다. 2023년 1분기 동성로 중대형 상가의 공실률은 19.5%로 전국 평균(13.3%)은 물론, 대구 평균(14.9%)보다도 높은 수준입니다. 일부 구간의 지구 해제 후 교통, 상가 동향 분석을 거쳐 영구 해제 여부를 판단한다는 방침입니다.

보행환경을 바꾸면 상권이 달라집니다. 과거에는 자동차로 쇼핑하는 고객들에 대한 배려만 있었지만 이제는 움직임의 처음과 끝을 장식하는 보행고객들의 동선을 고려한 상권과 상가의 계획이 필요합니다. 사람들은 큰 도로보다는 이면도로를 좋아하고 직선으로 이동할 것 같지만 우회하거나 곡선으로 움직입니다. 최근 이면도로를 일방통행으로 바꾸는 시도가 늘고 있는데 이는 차량 통행만을 고려한 시도입니다. 일방통행으로 인해 차량의 양과 속도가 빨라져 보행환경은 더 불편해지기 때문입니다. 따라서 일방통행으로 바꾼 이면도로의 경우 차량 속도를 제한하고 차량 운전자들에게 보행자가 우선인 도로라는 인식을 심어줄 수 있는 다양한 표식과 계도가 함께 필요합니다. 차량과 보행자의 공존, 보행자를 편안하게 만드는 길만이 상권과 지역 경제 활성화를 실현할 수 있기 때문입니다.

'부모 은행',
주택 수요를 자극할까요?

놀랍게도 미국에서 최근 30세 미만 주택 구입자의 38%가 계약금(Downpayment)을 지불하기 위해 가족으로부터 현금 선물(Cash Gift)을 받거나 상속 재산(Inheritance)을 사용했습니다. 이는 부동산 중개플랫폼인 레드핀(Redfin)에서 2023년 봄에 최근 이사한 사람들을 대상으로 실시한 설문조사 결과입니다.

생애 최초로 주택을 마련하는 비용이 더 높아지고 있고, 이로 인해 가족 자금이 없는 젊은이들은 주택을 소유하기가 점점 더 어려워지고 있습니다. 가족의 도움을 받는 주택 소유자를 '네포 주택 구입자(Nepo-Homebuyers, Nepo는 가족주의(Nepotism)에서 차용한 축약어)'라고 분류합니다. 이러한 현상은 일견 주택 수요를 자극할 수도 있지만 세대간 부의 불평등과 경제적 기회 또한 제한할 수 있습니다.

젊은 세대가 집을 마련하기는 쉽지 않습니다. 베이비부머와 MZ세대를 비교하면 집을 소유하고 있는 비중은 거의 2배나 차이가 납니다. 따라서 가족의 도움을 받는 경우가 과거에 비해 늘어나고 있습니다. 23%는 가족으로부터 받은 현금 선물을 21%는 상속받은 돈을 계약금으로 사용했다고 합니다. 주택 구입을 미루는 것은 그리 좋은 선택은 아닙니다. 주택 가격은 계속 오르기 때문입니다. 하루라도 빨리 이 기회를 잡는 것이 좋습니다. 저렴한 주택(Affordable Housing)의 비율은 2013년 37%에서 2022년 13%로 감소했다고 합니다. 따라서 '부모 은행(Nepo Home)'은 빠른 내 집 마련에 큰 도움을 줍니다.

주택을 소유한 부모에게서 태어난 자녀는 성인이 되어 주택 소유자가 될 가능성이 훨씬 더 큽니다. 2021년 레드핀(Redfin)의 조사에 따르면 현재 주택 소유자의 79%는 집을 소유한 부모가 있었고, 67%는 집을 소유한 조부모가 있었습니다. 따라서 주택을 소유할 확률은 출생할 때 결정될 가능성이 크며 '부모 은행'의 도움은 계속 늘어나지 않을까 생각합니다.

연령별로 생각하면 베이비부머가 MZ세대에게 '부모 은행'을 제공한다는 의미입니다. 실제로 통계를 보더라도 베이비부머는 계속해서 주택 시장에 머물고 있습니다. 따라서 이제는 MZ세대와 베이비부머를 한 그룹으로 묶어서 동일한 주택 수요로 파악할 필요가 있습니다. 실제로 모델하우스를 방문해보면 젊은 MZ세대들도 있지만 머리가 희끗희끗한 베이비부머도 심심찮게 보입니다.

<연령별 전국 아파트 매매 비중> (단위 : %)

구분	2014년	2017년	2020년	2023년
30대 이하	32.5	29.4	29.19	31.52
40~50대	51.2	49.0	47.66	47.22
60대 이상	12.7	16.2	18.02	19.04

출처 : 한국부동산원(2023년 7월)

한국에서도 본격적으로 '부모 은행'에 대한 논의가 제기되었습니다. 증여세 면세 한도를 현재의 5,000만 원에서 1억 5,000만 원으로 늘리려는 정부의 정책입니다. 결혼하게 되면 모두 3억 원을 받을 수 있으니 대출을 추가로 활용하면 평균적인 주택을 구입하는 데는 아무 문제가 없을 것입니다. 이 기준은 일본의 면세 한도인 3,000만 엔을 참고한 것으로 보입니다.

궁극적으로는 증여세 면세 한도를 올리려는 계획인데 2014년 세법개정을 통해 3,000만 원에서 5,000만 원으로 상향된 이후 변화가 없었고, 해외의 사례를 생각한다면 현재보다는 많이 높이는 것이 필요할 듯합니다. 미국의 경우에는 2023년 기준 연간 면세한도는 17,000달러(약 2,260만 원)이며 미국 거주자의 생애 면세 한도는 1,292만 달러입니다. 원화로는 170억 원이 넘습니다. 배우자 간 증여의 경우에도 한국은 10년 동안 6억 원인데 미국 시민권자인 경우에는 증여, 상속에는 면세 한도가 없다고 합니다.

'부모 은행'은 대부분 계약금을 지원해주는 데 제공됩니다. 1년에 부모 개인당 연간 면세 한도가 17,000달러이니 부부가 합치면 34,000달러까지 증여세 없이 줄 수 있습니다. 결혼이나 동거를 고려한다면 배우자(파트

너)를 포함해 68,000달러가 되겠죠. 따라서 자금조달 계획은 여유를 가지고 수립한다면 큰 도움이 될 수 있습니다.

세대 간 자금 이전의 수단으로는 시끄러운 상속보다는 증여가 훨씬 좋습니다. 고령화시대에는 피상속인의 연령 또한 높아지니 경제적 파급효과는 줄어들 수밖에 없습니다. 증여세 면세 한도를 높이려는 시도는 저출산을 막고 경제를 활성화시킨다는 측면에서도 좋은 제도라고 볼 수 있습니다.

모기지(Mortgage) 금리가 우리보다도 높은 미국은 집값도 계속 오르는 중입니다. 금리와 집값이 모두 오르면서 주택 구매력은 역대 최대로 떨어졌습니다. 이런 상황에서 부모가 현금으로 성인 자녀의 집을 사주고 돈을 나눠서 갚게 하거나 모기지 금리가 떨어질 때 대출을 받아서 갚으라고 하는 것이 일반적인 현상이 되고 있습니다. 은행은 차주한테 7%의 이자율을 적용하겠지만 부모는 원금만 돌려받고 싶을 뿐일 것입니다. 이래저래 '부모 은행'은 계속 늘어날 듯합니다.

임대 주택을 넣는다고
소셜 믹스가 될까요?

강남 재건축 최대어인 '압구정3구역' 설계사 선정을 놓고 조합과 서울시가 첨예하게 대립하고 있습니다. 설계업체가 제시한 용적률을 문제 삼아 경찰에 고발하고 조합이 설계를 재공모하기를 요구하는 상황이 펼쳐졌습니다. 조합도 설계사 선정 총회를 강행하고 문제 업체를 설계사로 선정하면서 '압구정3구역' 재건축은 첫 단계부터 파열음이 생기고 있습니다.

서울시의 입장은 '소셜 믹스'의 취지를 조합에서 훼손시켰다고 보고 있습니다. 설계에서 임대 주택과 일반 분양분을 조합원과 분리한 점이 대표적입니다. 경제적 수준이 다른 주민들이 함께 살면서 계층 분화가 심화되는 것을 방지하려는 소셜 믹스의 정책 취지를 조합이 부정했다는 것입니다. 다른 이유들도 있지만 기본적으로는 압구정에서 문제가 생기면 서울시가 원하는 정책을 시행하는 데 동력을 잃을 수도 있다는 인식이 큽니다. '압구정3구역'으로 인해 소셜 믹스가 다시금 부각되고 있습니다.

'소셜 믹스(Social Mix)'란 아파트나 주택 단지 내에 분양 물량과 임대 물량을 같이 시공하는 정책을 말합니다. 홍콩과 싱가포르에서 1980년대에 빈부격차가 심해지고 주택 용지가 부족해지자 부자들, 중산층과 서민들이 서로 격리되면서 빈부격차가 사회계층 간 이해 부족과 갈등으로 번지는 것을 방지하기 위해 도입된 정책입니다. 경제적으로 다른 계층을 한 아파트 단지 내에 거주하게 함으로써 사회적 교류를 늘리고, 각종 편의시설을 함께 이용함으로써 빈부격차가 계층격차로 확대되는 것을 막자는 취지로 도입한 것입니다. 이후 1980년대 후반 브라질, 멕시코, 볼리비아, 아르헨티나 등 라틴아메리카를 시작으로 1990년대에 영국 런던과 프랑스 파리의 리옹, 일본의 도쿄, 오사카와 대만 등으로 퍼져갑니다.

소셜 믹스는 그리 성공한 정책은 아닙니다. 좁은 국토와 집중된 인프라로 지역을 떠나는 것이 불가능한 환경(홍콩, 싱가포르)이거나 자산 격차가 심하지 않은 국가(덴마크, 네덜란드)에서는 다소 성공했다는 평가이지만, 그렇지 않은 국가(영국, 프랑스, 미국)에서는 실패했다는 평가가 중론입니다.

2022년 1월에 발표한 보도자료에 의하면 공공주택의 소셜 믹스를 완전히 구현하고 차별 요소를 없애는 것이 서울시의 목표라고 합니다. 양적 공급에 치우쳤던 공공주택 정책 패러다임을 '주거 복지 우선주의'로 대전환해 취약계층의 주거 문제를 최우선적으로 해결하겠다고 밝혔습니다. 핵심은 사회적 편견과 부정적 인식의 개선입니다. '공공주택 사전검토TF'를 구성해 가동에 들어갔고, 21개 항목의 체크리스트도 만들었다고 합니다. 아마 이번 '압구정3구역'과의 갈등도 이런 정책 변화의 일환으로 보입니다.

소셜 믹스를 구현하기 위해 반드시 공공임대 주택을 도입해야 하는 것은 아닙니다. 해외에서는 다양한 방법으로 이런 목적을 달성하려고 노력합니다. 미국과 프랑스 등 주요 해외 국가에서는 주택 바우처, 사회주택 등 다양한 정책을 사용합니다. 우리와 경제 체제가 비슷한 미국은 대규모 임대 주택 공급 대신 주택 바우처 지급 정책 중심으로 전환했습니다. 공공임대 주택은 슬럼화되고, 관리가 어려우며 궁극적으로는 원하는 지역에 살기가 힘들어집니다. 오히려 바우처(쿠폰) 지급을 통해 원하는 곳에 살 수 있도록 선택권을 주는 것이 더 낫다는 판단입니다. 임대료 부담이 큰 저소득층에게 소득의 30%만 임대료로 지출하게 하고, 나머지 차액은 정부가 지원해주는 방식입니다. 주택 바우처는 낙인문제까지 해결해주고 있습니다. 누가 주택 바우처를 받는지 알 수 없기 때문입니다. 소셜 믹스를 도입했지만 동을 달리해서 임대 주택을 차별하는 우리나라와는 확연히 다릅니다.

소셜 믹스가 필요한 근본적인 이유는 빈부의 격차 때문입니다. 소득을 높이고 자산 축적에 도움을 줘서 자립 기반을 만드는 일이 더욱 필요합니다. 공공임대 주택의 목적은 일견 좋아 보입니다. 상대적으로 주거비 부담이 높은 계층에게 안정적인 주거 생활을 보장해주기 때문입니다. 사회 생활은 다양한 장벽들을 헤쳐나가는 기나긴 여정입니다. 삶의 가장 큰 원동력은 불편함을 이기고자 하는 마음입니다.

오랜 기간 편안하게 임대 주택에 거주한다면 자산 축적과 독립적인 사고는 사라지게 됩니다. 처음에는 작은 원룸에서 월세로 시작하다 여건이 되면 조금 더 큰 집을 전세로 얻습니다. 전세로 몇 년을 보내고 마침내 내 집 마련의 기회를 얻게 될 것입니다. '계약갱신청구권'을 도입하는 목적이 임차인들의 주거 안정이지만 가장 큰 피해 또한 임차인들이 받게 됩니다. 최근에는 주택 가격이 조정을 받았지만 그래도 4년 전과 비교하면 많이 올랐습니다. 임대 주택에 편안하게 거주하던 분들은 벼락 거지가 되었을 수도 있습니다.

무주택자가 내 집 마련을 할 수 있도록 만드는 것이 진정한 소셜 믹스입니다. 이 분들의 자산 축적을 돕고, 독립적인 사고를 갖게 만드는 것이 소셜 믹스 도입의 원래 목적인 자산 격차를 줄이는 지름길입니다. 공공임대 주택이 꼭 필요한 계층은 분명히 있지만, 단순히 사회 초년생이라는 이유로 자산 축적에 전혀 도움이 되지 않는 임대 주택을 장기간 권하는 것은 그리 좋은 정책이 아닙니다.

향후 주택 정책의 방향으로 오히려 '에이지 믹스(Age Mix)'가 더 필요하지 않을까 생각합니다. 많은 나라에서 실패한 소셜 믹스 정책을 큰 고민 없이 도입하는 것보다는 전 세계에서 가장 빠르게 고령화 사회로 나아가는 우리나라에는 연령대별 주거 격차를 해소하는 방향이 더 필요하다고 봅니다. 일본은 실버타운(유료 노인홈)이 2021년 말 기준으로 전국에 무려 17,000개 소가 있습니다. 안타깝게도 한국은 65세 이상의 노인인구가 900만 명에 가깝지만 실버타운(노인복지주택)은 38개소에 불과합니다. 한국의 LH와 비슷한 일본의 UR도시기구(都市機構)에서는 친족끼리 근거리에 거주하면 임대료를 최대 20% 할인해줍니다. 해외의 다양한 에이지 믹스 정책을 확인해서 하루빨리 국내에도 도입했으면 합니다.

집은 소득을 모아서
사는 것이 아닙니다

수도권을 중심으로 집값이 반등의 움직임을 보이면서 흔히 말하는 '부동산 전문가'들이 바빠지는 듯합니다. '데드캣 바운스(Dead Cat Bounce)', 즉 다시 하락할 것이라는 의견도 있고, 상승 국면이 계속될 것으로 예측하는 분들도 있습니다. 어쨌든 이슈가 계속되는 상황이 이분들에게는 유리할 것 같습니다.

주택 가격 상승이 일시적이고 다시 하락할 것이라는 분들의 논리 중 가장 강력한 것은 현재 집값이 너무 높다는 점입니다. 이렇게 주택 가격이 높은데 어떻게 이 가격이 계속 유지될 수 있느냐는 것입니다. 이들의 주장을 강력하게 반영하는 통계지표는 PIR(Price Income Rate) 입니다. PIR이란 소득 대비 주택 가격의 비율로서 연소득을 모두 모아 주택을 구입하는 데 걸리는 기간을 이야기합니다. 가구의 주택 구입 능력을 나타내는 지표로서 주택 가격의 수준을 평가할 때 많이 인용됩니다.

안타까운 사실은 이 지표가 가지는 가정의 불합리성과 현상 이해의 한계에도 불구하고 전가의 보도처럼 널리 활용되고 있다는 점입니다. PIR이라는 지표가 가지는 가장 큰 문제는 가정이 합리적이지 않다는 것입니다. 대부분의 지표들이 사회 현상을 이해하기 위해 현실을 단순화시킵니다. 하지만 소득을 모두 모아 집을 사는 사람들은 아무도 없습니다. 우리는 소득으로 저축도 하지만 소비도 합니다. 따라서 소득을 모두 모아 집을 사는 경우는 현실 어디에도 없습니다.

정확히는 소득보다는 가처분 소득이 더 현실적입니다. 소득 수준별, 주택 가격별로 PIR을 분석해보면 소득 1분위보다 소득 5분위(고소득자)가 집을 사는 데 걸리는 시간이 더 길어집니다. 물론 현실은 정반대입니다. 고소득자가 높은 가격의 집을 구입하더라도 자가 보유율이 훨씬 더 높습니다. 이는 고소득자가 소비 지출 이후에도 남아 있는 소득이 더 많기 때문입니다. 따라서 가처분 소득, 더 정확히는 재량소득(Discretionary Income)의 개념을 적용하는 것이 훨씬 더 현실적입니다.

대부분의 주택 보유자들은 소득을 모아서 집을 사기보다는 집을 산 후에 대출을 갚아나가는 방식을 활용합니다. 어느 시대에나 집값은 높습니다. 심지어 조선시대 사대문 이내의 집값이 현재 가치로 환산해보니 20억 원이라는 이야기도 있습니다. 이렇게 높은 수준의 집값을 소득을 차근차근 모아서 장만한다는 것은 금수저들에게나 가능한 이야기입니다. 대부분의 주택 구입 예정자들은 일단 구입하고 난 후 해결하는 방식을 활용합니다. 따라서 PIR이라는 지표가 가지는 가장 큰 문제는 현실과 동떨어진 가정을 사용했다는 점입니다.

다음으로 PIR의 문제점은 소득만으로 집을 사는 사람들은 거의 없다는 점을 간과했다는 사실입니다. 대부분의 가계는 자산을 보유합니다. 소득과 자산은 경제학적으로는 'Flow'와 'Stock'의 개념으로 이해하면 됩니다. 우리는 소득을 통해 부(자산)를 축적합니다.

25~40세 미혼자녀를 둔 가구 5집 중 4집은 '결혼자금 증여세 공제' 최대 한도인 1억 5,000만 원 이상의 순자산을 보유한 것으로 나타났습니다. 금융 자산이 1억 5,000만 원보다 많은 가구도 전체의 30.8%나 됩니다. 통계청의 2022년 가계금융복지조사 마이크로 데이터에 따르면 25세 이상 40세 미만의 미혼자녀가 있는 가구의 지난해 평균 자산은 7억 6,151만 원이었습니다.

주택 구입 예정자 대부분은 소득과 함께 자산을 활용해 주택을 구입합니다. 사실 소득은 구입 당시보다는 구입 후 대출 상환 등을 고려할 때 중요한 변수입니다. 오히려 주택을 구입하는 데 더 중요한 기반은 자산입니다. 금수저, 은수저 그리고 흑수저 논란은 모두 자산을 의미하는 것이지 소득을 이야기하는 것이 아닙니다. 따라서 보유한 자산이 주택 구입에 가장 중요합니다.

그럼에도 불구하고 순전히 소득만으로 주택 가격의 수준을 평가하는 것은 타당하지도 않지만 잘못된 가정에서 출발했다고 볼 수 있습니다. PIR은 주택 가격의 수준을 평가하는 참고 자료로만 의미가 있지 현장에서 활용해보면 현실과의 괴리가 큽니다.

굳이 소득 수준에 맞는 주택 가격을 유추해본다면 KB국민은행의 자료가 의미 있습니다. 2023년 1분기 기준으로 KB국민은행에서 아파트 담보

대출을 받으신 분들은 평균적으로 서울에서 소득 대비 14.5배 가격의 주택을 구입했다고 합니다. 서울의 아파트가 전국적으로 대략 10% 내에 포함되는 고소득을 보유한 가구가 구입한다고 가정하면 이들의 순자산은 평균 10억 8,100만 원, 연소득은 1억 3,350만 원 수준입니다. 따라서 상위 10% 소득을 보유한 가구는 서울의 19억 4,000만 원의 아파트를 구입하고 있다는 결론에 도달하게 됩니다. 2023년 7월을 기준으로 서울의 평균 아파트 가격은 11억 8,000만 원이며 서울의 상위 20% 주택 가격은 21억 원입니다. 이런 현실적인 상황으로 서울의 아파트를 평가한다면 현재의 주택 가격은 적절하다고 말할 수도 있지 않을까요?

부동산 데이터로 시장을 분석하는 것이 일견 합리적으로 보입니다. 기준이 필요하기 때문입니다. 하지만 데이터로 시장의 모든 것을 알 수는 없습니다. 어설픈 데이터로 시장을 이야기하는 대부분의 부동산 전문가들은 현장을 잘 모릅니다. 주택 시장은 살아 움직이는 생물이며 현장의 소리가 가장 중요합니다. 어떠한 지표나 데이터가 의미를 가지기 위해서는 현장이 잘 반영될 수 있어야 합니다. 그런 측면에서 PIR은 현실적이지 않은 가정과 계산 방식을 가지고 있습니다. 단순한 참고자료인 PIR로 주택 시장을 알 수 있을 것이라는 오류를 범하지 않기를 바랍니다.

월세시대, 사모펀드 진출에 대비해야 합니다

　"전세는 두렵고, 월세는 허리가 다 휩니다." 최근 전세보증금 미반환의 문제점이 발생하면서 주택임대차 시장에서 자주 나오는 이야기입니다. 자칫 전세금을 떼일 수 있다는 걱정에 월세를 찾고 있지만 2년 전과 비교하면 월세 오름 폭이 만만치 않습니다. 65~70% 수준에서 움직이던 전세 거래 비중은 작년에는 50%대까지 떨어졌습니다. 다행히 2023년 4월 전세 거래 비중은 60.1%를 기록해 다시 60%대를 회복했지만 국내 주택임대차 시장이 전세에서 월세로 바뀌고 있다는 것은 부정할 수 없는 현실입니다.

　과거 국내 임대차 시장의 관행으로 보자면 이상한 일이지만 전세에서 월세로의 전환은 지극히 정상적인 것입니다. 전세임대차의 문제점이 발생할 때마다 관련 논란이 있었지만 순차적으로 그리고 지속적으로 월세 임대차는 대세가 될 가능성이 큽니다. 월세시대가 도래한다는 의미는 이제 드디어 주택도 수익형 부동산이 된다는 말입니다.

수익형 부동산의 수익이란 임대료와 같이 매월 발생하는 직접적인 수익을 의미합니다. 부동산 자산의 수익은 시세차익(자본소득)과 임대수익(운영소득)으로 구분할 수 있는데 이중 임대수익에 집중하는 부동산입니다. 그동안 수익형 부동산의 종류로는 상가, 오피스, 오피스텔, 원룸 등을 언급했습니다. 하지만 월세시대에는 이러한 용도별 분류보다는 수익실현 방법이 어떠냐에 따른 분류가 더 적절할 것입니다. 전세로 임차인을 유치하는 경우에는 아파트가 전세형 부동산이지만 월세로 임차인을 유치하면 수익형 부동산으로 분류할 수 있다는 말입니다.

우리나라 대부분의 투자자들은 시세차익에 관심이 많습니다. 운영수익을 바라면서 아파트에 투자하는 경우는 거의 없습니다. 갭투자가 대표적인 투자 방법인데, 이 또한 운영수익은 생각하지 않습니다. 이로 인해 그동안 한국 아파트에 관심이 많았던 해외의 투자 수요는 대부분 개인이었습니다. 중국인(54.9%)이 가장 많고 미국, 캐나다인 순입니다. 그리고 외국인 거래 비중은 전체 토지 거래의 0.32%에 불과해 한국 주택 시장에 미치는 영향은 거의 없었습니다. 수도권의 거래 비중이 크지만 그래봤자 0.59%에 그칩니다. 시세차익만으로는 안정적인 투자를 하기 꺼려지기 때문입니다.

〈연도별 외국인 토지 거래량〉 (단위 : 건)

토지매수	2017년	2018년	2019년	2020년	2021년	2022년
전체	847,580	772,383	708,495	791,285	890,618	657,129
외국인	2,322	2,775	2,699	2,535	2,523	2,084
외국인 비중	0.27%	0.36%	0.38%	0.32%	0.28%	0.32%

출처 : 국토교통부

하지만 외국의 경우 주택 시장에서 비거주자의 투자 수요는 상당한 영향을 미칩니다. 2010년대 후반 외국인들에게 인기였던 콘도(아파트)의 경우 캐나다 밴쿠버의 11.2%, 토론토의 7.6%가 비거주자 부동산이었습니다. 이들이 투자용으로 새 아파트를 집중적으로 사들이면서 캐나다의 집값은 천정부지로 상승해 미국을 추월했습니다. 2020년 12월 당시 캐나다의 평균 집값은 61.7만 캐나다 달러였는데 이는 미국의 평균 주택 가격 (42만 캐나다 달러)보다 40%나 높았다고 합니다. 주민의 30% 가까이가 중국계인 밴쿠버는 '홍쿠버'라고 불릴 정도였습니다.

기관 투자가들도 외국인 투자 수요의 큰 비중을 차지합니다. 세계 최대 사모펀드인 미국의 블랙스톤(The Blackstone Group)이 주택임대회사인 '홈파트너스오브아메리카(Home Partners of America)'를 60억 달러에 인수했습니다. 2008년 서브프라임모기지 사태 이후 저렴한 가격에 매물로 나온 압류 주택들을 사들이기 시작하면서 주택임대사업에 관심을 가지기 시작했습니다. 캐나다의 주택회사, 중국의 개발업체까지 인수했습니다. 이러한 대형 기관 투자가들이 해외의 주택 시장에서 차지하는 비중은 적지 않습니다. 미국 주택 거래에서 투자자 시장 점유율은 2022년 말 기준 8.2%에 이릅니다.

그동안 한국 부동산 시장에서 해외의 투자 수요는 대부분 상업용 부동산에 집중되어 있었습니다. 그럴 수밖에 없는 이유는 상업용 부동산은 매월 발생하는 수익이 명확했기 때문입니다. 반면에 주거용 부동산은 전세라는 관행으로 인해 운영수익이 거의 없어 해외의 투자 수요는 여기에 관심이 없었습니다. 하지만 전세가 소멸되면서 월세 거래 비중이 늘어나면 자연스럽게 해외의 투자 수요가 한국 부동산에 관심을 가지게 될 것입니다.

해외의 투자 수요가 한국의 주거용부동산에 관심을 가지고 적극적으로 진출한다면 우리 주택 시장은 더 큰 변동성에 휘말리게 됩니다. 외국인 투자자들에 의해 주식시세가 결정되듯 국내 주택 시장에서 외국인들의 존재감은 늘어날 것입니다. 이들의 거래 목적은 오로지 수익이며 환율, 이해관계자들의 요구, 자국의 경제상황 등 우리와는 전혀 다른 변수에 의해 의사결정이 이루어질 것입니다. 즉 이들의 투자 방식을 예측하는 것이 어려워 눈 뜨고 당할 수밖에 없다는 말입니다.

전세에서 월세로 급격한 임대차 시장의 변화는 바람직하지 않습니다. 전세라는 관행이 쉽게 없어지지는 않겠지만 전세가 역할을 다했다느니 하면서 의도적으로 없애는 것 또한 대안이 될 수 없습니다. 최대한 전세에서 월세로의 이전을 늦추어야 합니다. 월세시대를 맞이하기 위해서는 해외의 투자 수요에 대한 대비가 필요합니다. 임대사업자를 양성하고 영세한 주택임대관리회사를 기업화해서 안정적인 임대 시장을 만들어야 합니다. 과거 한 차례 한국에 사무소를 열었다가 철수한 경험이 있는 미국 최대 사모펀드 운용사인 블랙스톤이 2023년 4월 다시 한국법인을 설립했습니다. 이미 진출한 해외 사모펀드들 또한 국내 사무소 및 법인의 투자 인력을 보강한다고 합니다. 부동산 투자의 글로벌시대, 우리는 어떤 대비를 하고 있는지 궁금합니다. 물이 빠진 후 우리만 알몸으로 수영하는 것을 들킬까 벌써부터 두렵습니다.

주거 구독서비스,
활성화될까요?

코로나19는 다양한 방법으로 사회에 영향을 미쳤습니다. 그중 근무방식의 다양화가 대표적이며 급진적입니다. 재택근무와 워케이션(Workation) 등 원격 근무에 기반을 둔 이런 방식은 주거에 대한 고민을 깊게 만듭니다. 원격 근무지에서 워케이션 형태로 짧게는 며칠, 길게는 두세 달을 근무하고 싶지만 현재의 주택 임대차 방식에서는 쉽지 않은 선택입니다. 이런 방식은 일단 임대인들이 선호하지 않기 때문입니다. 원격근무에 기반한 이런 주거 수요는 은퇴 이후 '5도 2촌'으로 대표되는 멀티해비테이션(2지역 거주)을 넘어섭니다. 원격근무 특성상 한곳에 오랜 기간 머무르기보다는 필요나 희망에 따라 이동도 빈번해집니다. 그때마다 살 집을 알아보고 구하는 것은 매우 어려운 일입니다. 이런 수요에 맞춰 주택 시장에서도 단기 임대서비스나 구독서비스를 제공하는 사례가 크게 증가하고 있습니다.

일본이 대표적입니다. 일본의 주거 구독서비스는 빈집문제와 맞닿아 있습니다. 2019년 크라우드펀딩으로 서비스를 시작한 일본의 어드레스(ADDress), 하프(HafH), 호스텔라이프(Hostel Life)가 대표적입니다. ADDress의 주거 구독서비스는 현재 250개가 넘는 집이 등록되어 있으며 자연과 역사가 풍부한 지방뿐만 아니라 접근성이 아주 뛰어난 도심의 타워맨션도 등록되어 있습니다. 예약 티켓 하나당 1박이 가능하며, 30장이 현재 99,800엔입니다. 원화로 환산하면 98만 원 정도입니다. 빈집이라는 유휴공간을 활용하다 보니 서비스 이용 요금은 생각보다 저렴합니다. 정확하게는 구독서비스보다는 충전서비스에 가깝습니다. 예약 티켓이 부족하면 즉시 늘릴 수 있습니다.

현재 어드레스의 주거 구독서비스를 이용하는 계층은 30대가 가장 많습니다. 20대를 포함하면 56.8%나 됩니다. 반면 40대와 50대는 36.5%로 많지 않습니다. 60대 이상은 5.8%에 그칩니다. 직업 분포를 보면 회사원이 40.4%로 압도적입니다. 젊은 층의 이런 호응도를 고려하면 향후 주거 구독서비스에 대한 전망은 비교적 밝다고 볼 수 있습니다. 은퇴 이후 새로운 라이프 스타일을 꿈꾸는 계층 또한 주거 구독서비스의 고객이 될 가능성이 큽니다. 5도2촌의 생활을 꿈꾸는 경우 굳이 2촌의 주거지를 고정할 필요는 없습니다. 거주지를 정하지 않고 돌아다니는 '어드레스호퍼(Address Hopper)', 지자체 또한 이런 다거점 라이프 스타일을 즐기려는 사람들의 이동을 반기는 분위기입니다. 빈집으로 이주하려는 분들을 위해 '빈집뱅크'를 운영하는 지자체의 경우 주거 구독서비스 업체와 협업을 해서 빈집 정보를 제공하고 리모델링 비용을 지원하는 등 적극적인 관심을 보이고 있습니다.

국내 주거 구독서비스의 경우에는 일본과 같이 원격근무에 따른 수요보다는 아직까지는 대표적인 휴양 지역에서 한 달 살기 서비스로 대표됩니다. 바쁜 일상에 지친 현대 도시인들의 힐링과 재충전에 도움이 되는 한 달 살기는 코로나19 이후 더욱 유행하게 됩니다. 한 달 살기 키워드로만 한정하면 국내 1위의 어플인 '리브애니웨어'를 검색해보면 제주도, 남해, 양양, 속초 등 바다와 섬 지역의 시설들이 많이 등록되어 있습니다. 일본의 어드레스처럼 기업들을 대상으로 복지 차원의 숙소를 운영 지원하고 있는 점 등은 주목할 만합니다.

원격근무환경의 확대로 제2의 주거공간에 대한 서비스가 계속 확장될 가능성이 큽니다. 이런 주거 구독서비스가 확대된다면 일자리문제와 함께 주거문제의 해법으로도 연계해 활용할 수 있을 것입니다. 주거 구독서비스를 이용하는 고객들이 단순히 집만 이용하는 것이 아니라 지역을 조금 더 이해하기 위해 각 주택에 '야모리(家守)'라고 불리는 생활 교류 서포트 스탭을 두고 있습니다. 고객들이 지역에 대한 이해를 높이고 향후 지역 커뮤니티에 흡수될 수 있도록 하는 노력입니다. 야모리로 활동하는 경우 약 20만 원에서 50만 원의 수입도 생긴다고 합니다.

주거 구독서비스는 궁극적으로는 주거와 숙박의 경계가 무너져가는 현상의 하나로 이해해야 합니다. 주거와 숙박의 경계가 모호해지면서 한 주 또는 한 달의 임대 조건을 요구하는 임차인들이 늘어나지만, 공급과잉 문제를 극복하지 못하는 임대인들의 필요 또한 증가하기 때문입니다.

예전부터 일본에는 '먼슬리 맨션(월 단위 임대차 가능 주택)'이 있었습니다.

일본의 대표적인 주택임대관리회사인 레오팔레스21은 이를 입지, 구조 등에 따라 A에서 Z등급으로 구분합니다. 각 등급의 임대 주택을 이용할 수 있는 쿠폰을 1장(1개월), 3장, 6장, 12장 단위로 구입 가능하고, 많이 구입하면 높은 할인율을 제공합니다. 오사카에서 계약하고 중간에 동경으로 이사할 경우 나머지 티켓만큼 동경의 임대 주택에서 사용 가능합니다. 임차 단위가 위클리(Weekly)냐 먼슬리(Monthly)냐의 차이만 있지 이미 주거 구독서비스와 유사한 형태는 존재했습니다. 현재 우리나라에도 주 단위 임차를 요구하는 주택 수요자들이 강남을 중심으로 증가하는 중입니다.

주거 구독서비스에 대한 수요와 공급은 앞으로도 더욱 증가할 가능성이 큽니다. 이런 트렌드는 주택을 고정된 부동산이 아닌 언제든지 이용할 수 있는 생활서비스로 바꿔놓을 것입니다. 이제는 주택을 삶의 터전을 만드는 사업이 아닌 말랑말랑한 공간 비즈니스로 이해해야 합니다. 주택사업이 공간비즈니스로 바뀌고 있는 이때 우리는 어떤 혁신을 만들어나가야 할지 고민해야겠습니다.

아파트 매물이 늘어난다고
가격이 떨어질까요?

서울 아파트 매물이 사상 최초로 8만 건을 넘어섰습니다. 부동산 정보 업체 아실에 따르면 2023년 11월 3일 현재 서울 아파트 매물은 8만 452건으로 집계되었다고 합니다. 이는 아실이 해당 통계를 집계하기 시작한 2020년 11월 이후 가장 많은 수치입니다.

해당 시점의 매물 건수를 한 달 전 매물(7만 465건)과 비교하면 14.2% 증가했습니다. 한 달 사이에만 새로운 매물이 1만 건 가까이 늘어났다는 말입니다. 매물이 늘어나고 있다는 사실은 좋은 신호는 아닙니다. 언론과 방송에서도 곧 아파트 매매 가격이 떨어질 것처럼 이야기합니다. 과연 매물이 늘면 가격이 떨어질까요?

매물이 늘어나는 이유는 매도 예정자와 매수 예정자 간의 호가 차이 때문입니다. 대부분 주택 가격이 반등하는 시점에서 나타나는 현상입니다. 매수 예정자는 항상 낮은 금액을 원합니다. 특히 가격이 오를 때는 예전

가격을 더욱 기대합니다. 급매물만 거래가 잘되는 이유입니다. 반면 가격
이 하락하는 시점에서는 호가 차이가 크지 않고, 급매물이 많기 때문에 오
히려 거래가 늘어나게 됩니다. 금융위기가 발생했던 2008년을 생각하면
됩니다.

　금융위기가 발생한 이후 2008년보다 2009년 아파트 매매 거래 건수
가 늘어납니다. 전국적으로 2008년 583,000건이었던 매매 거래 건수는
2009년 632,000건으로 늘어납니다. 서울도 마찬가지였습니다. 63,000건
이었던 거래 건수는 79,000건으로 늘어났습니다. 금융위기 때는 주택 시
장을 부정적으로 보면서 매수 예정자와 매도 예정자 간에 호가 차이가 크
지 않았기 때문입니다.

〈아파트 매매 거래 건수〉　　　　　　　　　　　　　　　　　　　　(단위 : %)

지역	2008년	2009년	2010년
전국	582,926	632,258	580,910
서울	63,347	79,042	46,672

출처 : 한국부동산원

　하지만 가격이 오르기 시작하면 매도 예정자는 빨리 싼 가격에 팔 필요
가 없어집니다. 조금 더 기다리면 더 많은 금액을 받을 수 있을 것으로 생
각해서 싼 가격에 빨리 팔면 왠지 손해를 보는 기분을 느낍니다. 매도 호
가가 올라가니 매수자들이 붙지 않는 것입니다. 매도 호가와 매수 호가의
차이 수준이 거래량에 영향을 미치고 거래가 되지 않으면 매물은 쌓이게
됩니다.

2023년 6월에도 비슷한 현상이 발생했습니다. 동일한 회사인 아실에서 집계한 6월 18일 서울 아파트 매매 매물은 65,562건이었습니다. 규제를 대거 완화할 것이라고 발표한 1.3대책 당일(49,774건)과 비교하면 31.7%나 증가한 규모였습니다. 같은 시기 강남구는 무려 49.3%나 증가했습니다.

시장 회복세가 강해지자 매도 호가를 높여 집을 내놓는 매도 예정자들이 늘어난 원인이 큽니다. 하지만 급매물이 소진된 이후 높아진 호가를 수용할 매수 예정자들이 많지 않은 상황이라서 매물이 시장에 쌓였던 것입니다. 그후의 상황이 어떻게 전개되었는지는 우리 모두 잘 알고 있습니다. 매수자가 매도자의 가격을 수용하면서 거래가 늘어나고 강남권의 전고점대비 매매 가격 회복률은 95%에 이르게 됩니다.

2023년 생각보다 빠르게 전국의 아파트 가격이 반등했지만 그 수혜는 대부분 서울의 주거선호지역에 집중되었습니다. 서울 외곽이나 지방의 경우에는 여전히 침체를 벗어나지 못하는 지역이 더 많습니다. 집을 팔고자 하는 사람들은 많지만 고금리로 인해 집을 사고자 하는 사람들은 많지 않기 때문입니다. 특히 매물을 내놓는 매도 예정자들은 매매와 전세, 심지어 월세를 함께 내놓는 경우도 많습니다. 무엇이라도 빨리 거래되는 것을 선택하겠다는 절박함 때문입니다. 이런 상황에서는 매물 또한 늘어날 수밖에 없습니다.

물론 매물이 늘어나는 점은 주택 시장에 긍정적인 요인은 아닙니다. 하지만 단순히 매물이 늘어났다고 주택 가격이 하락하지는 않습니다. 최근 들어 매물이 가장 적었던 시점은 2022년 말이나 2023년 초였습니다. 당시 주택 가격은 가장 낮았던 걸로 현재 판명되고 있습니다. 주택 시장은 다양한 변수에 의해 좌우됩니다. 허위 매물이 넘쳐나고 전근대적인 부동산 중개 시장이 판치는 우리나라에서 매물만보고 주택 시장을 판단하기는 어렵다는 점을 알았으면 합니다.

에필로그

2023년 3월 일본 내무성은 빈집과 별장 소유주에 대한 교토시(京都市)의 제안을 승인할 예정이라고 발표했습니다. 빠르면 2026년에 도입될 새로운 세금인 '빈집세'는 교토에서 주택을 확보하기 위해 고군분투하는 젊은이들을 돕고, 부동산 시장을 활성화하는 것을 목표로 합니다. 효과가 있다면 유사한 문제에 직면한 다른 도시에도 적용할 수 있는 참고 사례가 될 수 있을 겁니다.

공실 부동산 외에도 세액을 계산하는 데 사용할 재산 가치, 위치와 함께 휴가용 주택과 비어 있는 2차 거주지를 대상으로 합니다. 재산세와 함께 부과되는 이 세금은 소유자의 부담을 약 50% 증가시킬 것으로 예상됩니다. 감정가가 낮은 부동산과 외국인 관광객들에게 인기 있는 전통적인 타운하우스는 면제됩니다. 40년 된 60제곱미터 크기의 빈 아파트에 대한 세금이 연간 약 24,000엔이 될 것으로 추정됩니다. 한편, 고층 건물의 최상층에 위치한 5년 경과된 100제곱미터의 타워맨션의 경우에는 939,000엔의 세금이 부과됩니다.

빈집세의 부과 기준에서도 알 수 있듯이 도쿄 중심부에 새로 지어지는 타워맨션은 계속 가격이 오르고 있습니다. 일본부동산경제연구소는 2022년 기준 도쿄 중심부 23개 지자체의 맨션 평균 가격이 전년과 비교해 17.2% 증가한 9,900만 엔으로 최고 수준에 도달했다고 발표했습니다. 토지 가격과 건설 비용이 상승하고 자산가들의 수요 또한 증가했기 때문입니다. 신축 타워맨션의 가격은 천정부지로 치솟고 있습니다. 2023년 3월 도쿄 도심의 신축 콘도미니엄 가격은 전년과 비교하면 2.7배인 2억 1,750만 엔, 수도권은 2.2배인 1억 4,360만 엔으로 타워맨션의 분양 가격이 각각 2억 엔과 1억 엔을 넘어선 것은 이번이 처음입니다.

빈집과 고층 타워맨션은 일본 주택 시장의 딜레마입니다. 빈집은 늘어나는데, 고층 타워맨션의 인기는 높습니다. 일본의 주택 시장, 특히 도심의 타워맨션은 인구통계학적 현실과 동떨어져 있습니다. 연간 출생아 수가 2000년 119만 명에서 2021년 81만 명으로 사상 최고 수준으로 떨어졌고, 팬데믹의 영향으로 정부 예측치를 밑돌았습니다. 총무성이 5년마다 실시하는 주택토지조사(2018년)에 의하면 전국 주택 재고가 가구수보다 16%가 많습니다. 적어도 서류상으로는 일본은 주택 부족 현상이 없습니다. 하지만 부동산 시장을 들여다보면 이야기가 달라집니다. 일본의 주거용 부동산 가격 지수(Residential Property Price Index)는 2013년 이후 신규 및 중고 타워맨션의 가치가 꾸준히 상승하고 있음을 보여줍니다. 팬데믹 기간에는 건축비가 증가하면서 급등하기도 했습니다.

결국 정답은 일자리가 많은 도심에 수요자가 원하는 주택을 공급해야 한다입니다. 일본의 사례는 우리나라 주택 공급 정책의 반면교사의 역할을 합니다. 무턱대고 공급하기보다는 수요가 있는 주택을 공급하는 정책의 전환이 요구됩니다. 주택 수요자들도 이런 시대적 흐름에 예민해야 합니다. 축소지향의 시대에 왜 많은 사람들이 도심으로 몰려드는지가 미래 주택 시장을 좌우할 가장 큰 변수가 될 것입니다. 서울을 예로 들면 3도심과 7광역 중심, 그리고 여타 지역의 경우에도 흔히 도심이라고 알려진 지역의 중요성은 더 커질 겁니다. 미래 주거의 핵심 변수인 '직주근접'에 주목하시면 좋겠습니다.

직주근접, 미래 부동산 투자의 핵심 키워드

미래의 고급 일자리, 주택 가격을 결정한다

제1판 1쇄 2024년 1월 25일

지은이　심형석
펴낸이　한성주
펴낸곳　㈜두드림미디어
책임편집　우민정
디자인　얼앤똘비악(earl_tolbiac@naver.com)

㈜두드림미디어
등록　　2015년 3월 25일(제2022-000009호)
주소　　서울시 강서구 공항대로 219, 620호, 621호
전화　　02)333-3577
팩스　　02)6455-3477
이메일　dodreamedia@naver.com(원고 투고 및 출판 관련 문의)
카페　　https://cafe.naver.com/dodreamedia

ISBN　979-11-93210-45-1 (03320)